BARRÊME DÉCIMAL

OU

COMPTES-FAITS,

A L'USAGE

DU COMMERCE DES EAUX — DE — VIE DE COGNAC,

AVEC 100 EXEMPLES POUR EN FACILITER L'EMPLOI.

OUVRAGE D'AUTANT PLUS UTILE

A MM. LES NÉGOCIANTS, FABRICANTS, COURTIERS, BOUILLEURS, PROPRIÉTAIRES, CULTIVATEURS, ET A MM. LES CHEFS D'INS-TITUTION ET A LEURS ÉLÈVES,

QU'IL DONNE :

1° *Dix-huit tableaux* de conversion tant des barriques, veltes et pintes en hectolitres, décalitres et litres, que des hectolitres, décalitres et litres en barriques, veltes et pintes ;

2° *Cent-vingt-quatre tables* pour la comparaison des prix de ces mesures métriques, avec ceux des anciennes mesures et même avec ceux de leurs fractions, depuis 38 fr. jusqu'à 161 fr. ;

3° *Seize tarifs* pour calculer le degré, et *seize règles* simples et sûres pour calculer ce même degré sans employer de tarif ;

4° Enfin, *seize variétés* de la règle ordinairement employée pour calculer les livraisons d'eau-de-vie ;

PAR **BOURQUIN** (THÉODORE-ANTOINE),

OFFICIER DE SANTÉ, A PÉRIGNAC, PRÈS PONS (CHARENTE-INF^{re}).

Prix : 3 fr. 50 c.

A PARIS,

LIBRAIRIE ENCYCLOPÉDIQUE DE RORET,

Rue Haute-Feuille, 10 bis ;

Et à PÉRIGNAC, chez l'auteur.

1841.

BARRÊME DÉCIMAL

OU

COMPTES-FAITS,

A L'USAGE

Du Commerce des eaux-de-vie de Cognac.

L'auteur poursuivra selon la rigueur des lois, tout détenteur, tout débitant ou contrefacteur d'exemplaire non revêtu de sa signature.

ANGOULÊME. — IMPRIMERIE DE LEFRAISE ET Cⁱᵉ,
Rue Vauban, 8.

BARRÊME DÉCIMAL

OU

COMPTES-FAITS,

A L'USAGE

DU COMMERCE DES EAUX-DE-VIE DE COGNAC,

AVEC 100 EXEMPLES POUR EN FACILITER L'EMPLOI.

OUVRAGE D'AUTANT PLUS UTILE

A MM. LES NÉGOCIANTS, FABRICANTS, COURTIERS, BOUILLEURS, PROPRIÉTAIRES, CULTIVATEURS, ET A MM. LES CHEFS D'INSTITUTION ET A LEURS ÉLÈVES,

QU'IL D NNE :

1° *Dix-huit tableaux* de conversion tant des barriques, veltes et pintes en hectolitres, décalitres et litres, que des hectolitres, décalitres et litres en barriques, veltes et pintes ;

2° *Cent-vingt-quatre tables* pour la comparaison des prix de ces mesures métriques, avec ceux des anciennes mesures et même avec ceux de leurs fractions, depuis 38 fr. jusqu'à 161 fr.;

3° *Seize tarifs* pour calculer le degré, et *seize règles* simples et sûres pour calculer ce même degré sans employer de tarif;

4° Enfin, *seize variétés* de la règle ordinairement employée pour calculer les livraisons d'eau-de-vie;

PAR BOURQUIN (THÉODORE-ANTOINE),

OFFICIER DE SANTÉ, A PÉRIGNAC, PRÈS PONS (CHARENTE-INF^{re}).

Prix : 3 fr. 50 c.

A PARIS,

LIBRAIRIE ENCYCLOPÉDIQUE DE RORET,
Rue Haute-Feuille, 10 bis;

Et à PÉRIGNAC, chez l'auteur.

1841.

INTRODUCTION.

L'obligation imposée par la loi de n'employer que les mesures métriques, a jeté en quelque sorte pendant les derniers mois de 1840, une certaine perturbation dans le commerce de Cognac, relatif aux eaux-de-vie. Il ne pouvait du reste en être autrement, puisqu'il n'existait alors aucun ouvrage qui pût donner une comparaison convenable des prix des anciennes mesures, avec ceux des nouvelles, et que d'ailleurs, Messieurs les négociants ne se sont décidés que fort tard sur l'emploi principal de l'hectolitre. Bien que je fusse, pour ainsi dire, sur les lieux et que j'eusse déjà trois ouvrages manuscrits sur le même sujet, j'en retardai l'impression de l'un d'eux, étant arrêté par l'indécision dans laquelle demeurèrent Messieurs les négociants, indécision qu'ils ont prolongée, je ne sais pourquoi, jusqu'à la fin de l'année.

Quelques personnes tentèrent de faire adopter une nouvelle barrique de 210 litres, c'est-à-dire de 4 litres 80 centilitres de plus qu'elle ne doit contenir, mais comme cette mesure de 21 décalitres occasionnait évidemment aux livreurs une perte de 4 litres 80 centilitres; qu'elle ne pouvait nullement servir de base à la confection d'un ouvrage de transition, qu'elle renversait sans avantage réel tous les calculs adoptés et journellement en usage; qu'en un mot, elle embrouillait extraordinairement le sujet au lieu de l'éclaircir, force fut d'y renoncer, de continuer les anciens erre-ments et d'effectuer jusqu'à ce jour les achats et les ventes d'eaux-de-vie, d'après les prix de l'ancienne barrique de 205 litres 20.

Maintenant que toute indécision est cessée et que l'hectolitre est définitivement la mesure adoptée par Messieurs les négociants, je me hâte de leur faire connaître celui de mes ouvrages que je crois devoir leur être en ce moment le plus utile, en même temps qu'il est le plus convenable et le plus commode pour opérer la fusion d'une ancienne coutume en une cou-tume tout-à fait nouvelle.

Le travail méthodique qui caractérise le livre que je soumets à la publicité, est donc destiné à effectuer d'une manière presque insensible, la substitution du nouveau calcul à l'ancien. En effet à l'aide des ta-bleaux, des tables, des tarifs et des explications que je donne, on calculera les livraisons d'eaux-de-vie aussi commodément avec l'hectolitre, le décalitre ou le litre, qu'on le faisait autrefois avec la barrique, la velte et la pinte, d'ailleurs on pourra à volonté et avec la plus grande facilité vérifier un calcul par l'autre en passant des anciennes mesures aux nouvelles et réci-proquement des nouvelles aux anciennes.

Si cet ouvrage est accueilli favorablement par les personnes auxquelles je le crois d'une utilité incon-testable et si j'ai pu réussir à leur rendre un service réel, ce sera pour moi la récompense de tous les soins que j'ai pris à le confectionner. Ce sera aussi pour moi l'encouragement le plus propre à livrer de nouveau à l'impression un autre manuscrit, qui em-brassant le même sujet le traite avec beaucoup plus de détails et d'étendue. Puisse celui-ci fixer l'attention de mes concitoyens et réaliser l'espérance que j'ai, de toujours leur être utile.

BARRÊME DÉCIMAL

OU COMPTES-FAITS,

A L'USAGE DU COMMERCE DES EAUX-DE-VIE DE COGNAC.

------·◆·------

NOTIONS GÉNÉRALES.

Le calcul décimal qui fait la base de ce nouvel ou-vrage, n'est au fond que la numération ordinaire avec sa *progression décuple croissante et décroissante*.

Dans le calcul décimal en effet, de même que dans la numération, on sait qu'un chiffre, quelque soit le nom de la colonne dans laquelle il se trouve, acquiert et conserve une valeur de position qui est toujours *croissante* dans le rapport de 1 à 10, appelé à cet effet *rapport décimal décuple*, à mesure que, allant de la *droite vers la gauche*, *on avance* ce même chiffre successivement de colonne en colonne, et que c'est par suite d'une convention très simple et très ingénieuse, que la valeur de ce chiffre devient de *dix en dix fois plus grande*.

Or si, en changeant de colonne un nombre entier que l'on porte successivement dans la colonne *à gauche* et que *l'on fait suivre* de 1, 2, 3, 4 ou 5 zéros etc., on le multiplie réellement par *dix*, il s'en suit que *pour multiplier* un nombre décimal, il suffit d'écrire 1, 2, 3, 4 ou 5 zéros, etc... *à la suite* de ce nombre; ou bien de transposer dans la 1re, 2e, 3e, 4e ou 5e colonne placée à la droite de ce même nombre, la virgule décimale qui caractérise l'unité.

On sait également qu'un chiffre, quelque soit le nom de la colonne dans laquelle il se trouve, acquiert et conserve une valeur de position qui se trouvant inverse de la précédente, est toujours *décroissante* dans le rapport de 10 à 1, appelé à cet effet *rapport décimal sous-décuple*, à mesure que, allant de la *gauche vers la droite*, on *recule* ce même chiffre successivement de colonne en colonne et que c'est par suite d'une convention très simple et très ingénieuse, que la valeur de ce chiffre devient de *dix en dix fois plus petite*.

Or si, en changeant un nombre entier que l'on porte successivement dans la colonne *à droite* et que *l'on fait précéder* de 1, 2, 3, 4, ou 5 zéros etc..., On le divise réellement 1, 2, 3, 4 ou 5 etc.. par *dix*; il s'ensuit que *pour diviser* un nombre décimal il suffit d'écrire tout simplement 1, 2, 3, 4 ou 5 zéros, etc... *au devant* de ce nombre; ou bien de transposer dans la 1re, 2, 3e 4e ou 5e colonne placée à la gauche de ce même nombre la virgule décimale qui caractérise l'unité.

Faire connaître immédiatement une méthode de calculer exacte et sûre, dont l'extrême facilité lèvera tous les obstacles et applanira tout ce qui peut encore nuire à la propagation de l'emploi des nouvelles mesures et particulièrement ici de l'hectolitre; offrir un ouvrage peu volumineux, mais complet, qui n'exige en quelque sorte, d'autres connaissances que celle de la numération et de la simple addition, tels sont les motifs qui m'obligent à passer de suite à l'exposition premièrement, de la *disposition*, des *bases* et de *l'emploi méthodique des tables*, puis à l'explication des *tableaux*, des *tarifs*, des *exemples* et des *règles* dont se compose ce livre dans le quel seront développées avec beaucoup plus d'étendue les notions générales que je viens de donner sur le calcul décimal.

DISPOSITION

DES

TABLES.

Les tables du barrême décimal sont au nombre de 124. Elles sont rangées dans un ordre numérique et procèdent de franc en franc. Elles donnent d'une manière simultanée et sur la même ligne, les prix des nouvelles mesures, mis dans une comparaison rigoureuse et exacte avec ceux des anciennes mesures particulièrement employées à Cognac.

Elles donnent en conséquence les prix :

	fr. c.		fr. c.
1° de l'hectolitre depuis	38,00.00.	jusqu'à	161,00.00.
2° du décalitre depuis...	3,80.00	jusqu'à	16,10.00.
3° du litre depuis........	0,38.00	jusqu'à	1,61.00.
4° de la barrique depuis	77,97,60	jusqu'à	330,37.20.
5° de la velte depuis.....	2,88.80	jusqu'à	12,23.60.
6° de la pinte depuis.....	0,36.10	jusqu'à	1,52.95.

Ayant en regard et sur une même ligne de tête le prix de l'hectolitre et celui de la barrique, chacune de ces 124 tables présente *quatre colonnes* dans lesquelles la principale unité est caractérisée par une virgule, que l'on nomme ordinairement *virgule décimale*, à cause du rôle important qu'il est nécessaire de lui faire jouer dans le calcul décimal.

La 1re *colonne* à gauche sert à indiquer :

1° Soit la *quantité* ou le nombre des hectolitres, des décalitres ou des litres ;

2° Soit la *quantité* ou le nombre des veltes ;

3° Enfin soit la *quantité* ou le nombre des pintes

selon la mesure mentionnée elle-même dans la livraison sur laquelle on opère.

La 2ᵉ *colonne* sert à indiquer dans la même ligne que la quantité, les *prix* ou les comptes faits des *hectolitres*, des décalitres ou des litres.

La 3ᵉ *colonne* sert à indiquer dans la même ligne que la quantité, les *prix* ou les comptes faits des *veltes*, en même temps qu'elle donne le prix de la ½ velte et celui du ¼ de velte.

La 4ᵉ *colonne* à droite, sert à indiquer dans la même ligne que la quantité, les *prix* ou les comptes-faits des *pintes*, en même temps qu'elle donne le prix de la ½ pinte et celui du ¼ de pinte.

Tous les prix ou les comptes faits qui sont dans les lignes de ces tables, ne sont donc que le résultat de la *quantité multipliée par le prix* basé sur le 4ᵉ degrés de Tessa, tel qu'il est établi sur la 1ʳᵉ ligne de l'une des 3 dernières colonnes. Les autres degrés et toutes les autres divisions de degré en dehors de 4° de Tessa, pris à la température de 10 degrés de Réaumur, s'obtiennent à l'aide des tarifs ou des règles que je donne plus bas pour calculer les ⅛ portés dans les livraisons.

Ces 124 tables sont tellement disposées que celui qui en connaît une seule, de manière à bien s'en servir, peut dire qu'il connaît toutes les autres et qu'il sait en faire usage. Ce sont d'ailleurs de petits cadres dont il ne faut que quelques minutes pour en saisir tout le mécanisme et dont le grand usage ne pourra qu'en faire ressortir de plus en plus toute l'utilité.

NOTA. Mes lecteurs voudront bien se rappeler que très souvent dans le cours de ce barrême décimal (Q) désigne la quantité; (P) le prix; (D) le degré et (M) le montant de la livraison ou le compte-fait comprenant la *quantité*, le *prix* et le *degré*.

BASES

DES

TABLES.

Après avoir présenté les dispositions des tables du barrême décimal, il convient d'en exposer les bases. Elles sont au nombre de trois et se rapportent : 1° à la *quantité;* 2° au *prix;* et 3° au *degré.* Je vais successivement entrer dans quelques détails concernant chacune d'elles, en les rangeant dans trois séries.

1re SÉRIE. — BASES RELATIVES A LA QUANTITÉ.

§ 1er. — NOUVELLES MESURES.

La quantité souvent exprimée ici par Q avec ou sans parenthèses, n'est autre que celle de l'*hectolitre* dont les mesures qui en dérivent sont :

	l.		h. d. l.
Le litre qu'on écrit.........	1,	ou	0,01.
Le décalitre ou dix litres..	10,	ou	0,10.
L'hectolitre ou cent litres.	100,	ou	1,
Le kilolitre ou dix hectolit.	1.000,	ou	10,
Le myrialitre ou cent hect..	10.000,	ou	100,
Le décilitre ou 1/10e de lit.	0,1	ou	0,00.1
Le centilitre ou 1/100e de l.	0,01	ou	0.00.01

En tout sept dénominations nouvelles et par conséquent *sept colonnes* de chiffres qui toutes procèdent comme dans la numération ordinaire, c'est-à-dire, dans le rapport de 1 à 10 pour la multiplication, et dans le rapport de 10 à 1 pour la division.

Or, si l'on calcule, d'après les nouvelles mesures, cette quantité se trouve comme dans la numération ordinaire, toujours indiquée dans l'une des colonnes ci-dessus par l'un des chiffres suivants 1, 2, 3, 4, 5, 6, 7, 8 ou 9, et chaque colonne pouvant successivement être prise pour indiquer des unités d'*unités*, des unités de *dixaines*, des unités de *centaines*, des unités de *mille*, etc, il s'en suit qu'on peut étendre cette même *quantité décimale* appelée *hectolitre*, d'une manière presque indéfinie.

Je ferai remarquer dans un instant qu'il en est de même pour les prix ou les comptes-faits, puisqu'ils observent les mêmes rapports numériques et qu'ils ne sont que des multiples ou des sous-multiples d'une autre *quantité décimale*, appelée *franc*.

Cette clef étant trouvée, soit que l'on procède d'après une numération ascendante, soit que l'on procède d'après une numération descendante, il est facile avec un peu d'attention et à l'aide du seul déplacement de la virgule employée à cet usage, de substituer au besoin toute autre colonne à la colonne de l'hectolitre, celle du décalitre, celle du litre ou même celle du centilitre par exemple, comme étant la 10e, la 100e ou la 1000e partie de l'hectolitre.

Donc il est de toute évidence, ainsi que j'en donnerai plusieurs exemples, que dans toutes les tables du barrême-décimal, bien qu'il ne soit question que de la colonne de l'*hectolitre*, parce qu'elle est celle de l'unité adoptée par le commerce et celle dont on fixe plus particulièrement le prix, il est extrêmement facile de se servir des six autres colonnes, dont l'énumération a été exposée plus haut.

Je ferai cependant observer ici que, lorsque ces mêmes chiffres 1, 2, 3, 4, 5, 6, 7, 8 ou 9 indiquent la quantité des *veltes* ou des *pintes*, ils ne peuvent servir

que dans l'ordre de la numération ascendante, en effet, l'on peut bien établir :

1; 10; 100; 1000 litres. 4; 40; 400; 4000 litres.
2, 20, 200, 2000 veltes. 6, 60, 600, 6000 veltes.
8, 80, 800, 8000 pintes. 5, 50, 500, 5000 pintes.

en ajoutant à *la gauche* de la virgule décimale 1, 2,
3, 4 zéros et même plus, s'il est besoin.

De même que :

0,1; 0,01; 0,001; 0,04; 0,004 de litre en ajoutant à *la droite* de la virgule décimale 1, 2, 3, 4 zéros
et même plus, s'il est besoin.

Mais l'on ne peut pas établir les subdivisions de la
velte ou de la pinte en 10e, 100e, 1000e etc., parce
que ces mesures ont des subdivisions qui leur sont
toute particulières, ainsi que je vais bientôt en faire
l'exposition. Il faut donc dans cette circonstance, avoir
recours aux tableaux de conversion, qui leur sont pro-
pres et réduire toutes ces mesures en celles dont les
subdivisions sont les plus faibles.

§ 2. — ANCIENNES MESURES.

Si l'on calcule d'après les anciennes mesures, dont
la contenance est indiquée ici en litres, cette quantité
n'est autre que la *velte* ou bien la *pinte*, comme sub-
division de la *velte*. L'une et l'autre de ces mesures
proviennent de la *barrique dite de Cognac* et en forment les deux principales subdivisions.

Voici du reste la nomenclature et la contenance des
subdivisions auxquelles cette barrique donne lieu.

		h.	l. c.
La barrique est de....... 27 veltes et contient..	205,	20.00
La velte est de............ 8 pintes et contient..	7,	60.00
La pinte est de........... 2 chopines et contient	0,	95.00
La chopine est de........ 2 roquilles et contient	0,	47.50

La chopine et la roquille n'étant point employées

dans le commerce des eaux-de-vie, ne doivent nullement entrer en compte dans le calcul des livraisons.

Il y a aussi la *barrique dite de l'Aunis*, qui offre les mêmes subdivisions que celle de Cognac, mais dont la contenance est de 205 litres 47 centilitres. Elle est inusitée à Cognac. Il paraît qu'elle force trop les dernières fractions décimales, qu'elle n'est pas juste et qu'elle complique très inutilement le calcul. En effet si l'on multiplie 0,13.1413, base du litre réduit en velte, d'abord par 205 litres 47, puis par 1000, on trouve 27.001 veltes 42911 . nombre qui porte une velte et 1/2 environ de plus que les livreurs n'ont intention de donner.

Il y a également la *barrique dite de Paris*, dont les subdivisions sont les mêmes que celles de Cognac, mais dont la contenance est de 201 litres 15 centilitres. Elle est de même que la précédente . tout-à-fait inusitée à Cognac. Elle diffère du reste très peu du *double hectolitre*, dont le prix pourrait lui être affecté sans inconvénient, en tenant compte toute fois du prix d'un litre 15 centilitres, qui en fait la seule et unique différence.

2ᶜ SÉRIE. — BASES RELATIVES AU PRIX.

Le prix exprimé souvent ici par un P avec ou sans parenthèses, n'est autre pour toute la France qui ne fait absolument usage que des nouvelles monnaies, qu'une *quantité décimale* ayant pour unité le *franc* et ses quelques subdivisions établies ainsi qu'il suit :

		fr.	c.
La pistole.........	ou 10 francs..........	10,	
Le franc.........	où cent centimes....	1,	
Le décime.........	ou 1/10 de franc.....	0,10.	
Le centime.........	ou 1/100 de franc....	0,01.	
Le millime.........	où 1/1000 de franc..	0,001.	
Le dix-millime..	ou 1/10000 de franc.	0,0001.	

Dans toute espèce de branche de commerce ou d'administration, on ne doit tenir compte des millimes ou des millièmes de franc, qu'autant qu'il y en a 5 et que l'addition en étant faite ils surpassent ce nombre.

L'on agit alors comme s'il y en avait 10 et l'on augmente d'une unité la première colonne à la gauche de celle que l'on calcule, ainsi que cela se pratique dans toutes les opérations commerciales.

Le prix-fait ou le compte-fait doit constamment avoir à sa suite *la virgule* qui sert à le déterminer très rigoureusement et qui doit toujours se trouver dans le même rapport numérique, que celle qui détermine la quantité, de manière que, si on veut avoir les prix d'une livraison dont la quantité est de 88.888 hectolitres, 8.888 centilitres, en opérant avec la table 31ᵉ ou le prix de l'eau-de-vie est porté à 68 fr. l'hectolitre à 4°. On remarquera avec attention que :

	fr.　c.
Si Q. est 8 fois l'unité, P. est 8 fois 68	544,00.00
Si Q. a 1 zéro de plus, P. a 1 chiffre de plus,	5440,00,00
Si Q. a 2 zéros de plus, P. a 2 chiffres de plus,	54400,00.00
Si Q. a 3 zéros de plus, P. a 3 chiffres de plus,	544000,09.00
Si Q. a 4 zéros de plus, P. a 4 chiffres de plus,	5440000,00.00
Si Q. a 1 zéro de moins, P. a 1 chiffre de moins,	54,40.00
Si Q. a 2 zéros de moins, P. a 2 chiffres de moins,	5,44.00
Si Q. a 3 zéros de moins, P. a 3 chiffres de moins,	0,54.40
Si Q. a 4 zéros de moins, P. a 4 chiffres de moins,	0,05.44

La plupart des instructions que je viens d'exposer seront très probablement inutiles à ceux qui ont une certaine habitude du calcul, et surtout du calcul décimal; mais enfin j'ai pensé qu'en les présentant à mes lecteurs, quelques-uns d'entre eux en seraient d'autant plus satisfaits, qu'ils désirent se mettre à même d'employer avec fruit toutes les tables, tableaux et tarifs que je leur mets sous les yeux.

3e SÉRIE. — BASES RELATIVES AU DEGRÉ.

LA base exprimée souvent ici par un D avec ou sans parenthèses, n'est autre que le *poids légal*, autrement dit, le *poids marchand* des eaux-de-vie. Elle n'est donc, par conséquent, que le 4e degré de l'aréomètre de Tessa, ou le 22° 3/8 de celui de Cartier, pris l'un et l'autre à la température de 10 degrés de Réaumur. On sait d'ailleurs que le 4e degré de Tessa correspond en nouveaux poids au 60e degré centimal de l'alcoomètre de M. Gay-Lussac, pris à la température de 12 degrés et 1/2 du thermomètre centigrade.

Chacun des degrés de Tessa se divise en huitièmes qu'on écrit 1|8; 2/8 ou 1/4; 3/8; 4/8 ou 1/2; 5/8; 6/8 ou 3/4; 7/8 et 8/8 ou 1°, et se paye sur le prix d'achat de l'eau-de-vie, à raison de 5 pour 100. Les sommes que les 1/8 produisent est, ou ajoutée au produit de la quantité et du prix, ou elle en est retranchée, selon que l'eau-de-vie est *au-dessus* ou *au-dessous* du 4e degré appelé à cet effet *degré légal*.

Ainsi, de tous les 1/8 qui se trouvent au-dessus du 4e degré de Tessa, l'on recueille une petite somme que l'on cherche en dehors des tables, à l'aide des tarifs ou des règles que je donne dans ce but et *que l'on ajoute* au produit de la quantité et du prix déjà trouvé à l'aide de l'une des tables qui suivent.

De même que, de tous les 1/8 qui se trouvent au-dessous du 4e degré de Tessa, l'on recueille une petite somme que l'on cherche en dehors des tables à l'aide des tarifs et des règles que je donne dans ce but et *que l'on retranche* du produit de la quantité et du prix trouvé primitivement à l'aide de l'une des tables qui suivent.

EMPLOI MÉTHODIQUE

DES

TABLES.

Faire un emploi méthodique des tables, c'est trouver le moyen de s'en servir pour calculer le montant de toute espèce de livraisons, et par conséquent dans des circonstances où l'on croirait qu'elles seraient complétement inutiles. Alors pour se faire une idée de cette manière de les employer, il est essentiel de remarquer que les diverses livraisons d'eau-de-vie que l'on fait journellement, sont toujours composées des trois bases élémentaires connues sous les noms de *quantité, degré et prix* et que dès lors elles offrent toutes :

1° *Une quantité* qui est *égale, supérieure* ou *inférieure* à celle que portent les 124 tables;

2° *Un degré* qui est *égal, supérieur* ou *inférieur* au 4° degré de Tessa, sur lequel ces tables sont basées;

3° *Un prix* qui est *égal, supérieur* ou *inférieur* à celui sur lequel chaque table est établi.

Je vais donc présenter *trois séries de problèmes* avec de nombreux exemples pour bien les entendre et les résoudre, afin que chacun puisse agir en pareille circonstance, de manière à calculer toute livraison qui offrirait des difficultés du genre de celles dont il sera question dans chacune de ces séries.

J'engage auparavant mes lecteurs à observer :

1° que deux de ces bases élémentaires *la quantité et le degré,* sont communes à toutes les tables, d'où il suit que si le prix de la livraison proposée est porté en tête de l'une des 124 tables, il est extrêmement facile d'en trouver de suite le montant, en faisant tout simplement le relevé et l'addition des quelques lignes de chiffres qui la composent;

2° que le chiffre de la quantité indique toujours le numéro de la ligne, dont il faut faire avec soin le relevé dans chacune des deux colonnes de la table qui porte le prix de la livraison;

3° que les tables, bien qu'elles ne paraissent offrir que des quantités très limitées, que des *quantités tout-à-fait simples,* depuis 1 jusqu'à 10, sont cependant susceptibles de présenter une extention presque indéfinie par la décomposition des nombres qui indiquent les livraisons, autrement dit, par le soin que l'on doit avoir de *descendre un à un sur une ligne séparée et spéciale,* le chiffre de chacun des rangs qui forment ces nombres, par exemple de descendre, d'abord le chiffre du rang des *unités simples;* puis celui du rang des *dixaines,* que l'on complète par *un zéro;* puis celui du rang des *centaines,* que l'on complète par 2 *zéros;* puis celui du rang des *mille,* que l'on complète par 3 *zéros;* puis celui du rang des *dixaines de mille,* que l'on complète par 4 *zéros* ainsi de suite, et en dernier lieu par le chiffre du rang des *dixièmes,* puis celui des *centièmes,* puis celui des *millièmes,* etc. En les complétant également par *un, deux, trois* zéros, etc, selon le rang des espèces de fractions décimales qu'ils occupent dans l'opération que l'on calcule;

4° Que pour l'unité qui sert de base au calcul, au lieu de l'hectolitre, on peut à l'aide du calcul décimal transposer la virgule de deux rangs vers la droite et employer le *litre,* en sorte que si, par exemple, le *litre* est pris pour *unité de mesure* au prix de 68 centimes et multiplié par la quantité 8, on obtient comme on le voit ci-dessus, le prix de 5 fr. 44 c. il en serait de même du *centilitre,* en transposant la virgule de quatro rangs vers la droite.

1ʳᵉ SÉRIE. — PROBLÈMES SUR LA QUANTITÉ.

Trouver le montant d'une livraison composée soit 1° d'une *quantité égale* aux tables, c'est-à-dire d'*unités simples*, telles que par exemple : 2 hectolitres, 2 veltes ou 6 pintes; 2° Soit d'une *quantité supérieure* aux tables, c'est-à-dire d'*unités*, de *dixaines*, de *centaines* ou de *mille* etc., telles que, par exemple : 30 hectolitres, 30 veltes ou 50 pintes, 400 veltes, 400 pintes ou 3000 pintes etc.; 3° Soit enfin d'une *quantité inférieure* aux tables; c'est-à-dire d'*unités* de *dixièmes*, de *centièmes* ou de *millièmes* d'hectolitres etc., telles que, par exemple : 83 litres ou 20 centilitres etc., au prix de 58 francs l'hectolitre, à 4° (table n° 21°).

	Quantité.		Lignes.	Colonnes.	fr. c.
1ᵉʳ ex : pour	2	hectolitres on a	2ᵉ,	2°,	116,00.60
2° ex : pour	2	veltes on a	2ᵉ,	3ᶜ,	8,81.00
3ᵉ ex : pour	6	pintes on a	6ᵉ,	4ᶜ,	3,30.60
4° ex : pour	30	hectolitres on a	3ᵉ,	2ᵉ,	1740,00.00
5ᵉ ex : pour	30	veltes on a	3ᵘ,	3ᶜ,	132,24.00
6ᶜ ex : pour	50	pintes on a	5ᵉ,	4ᵉ,	27,55.00
7ᶜ ex : pour	400	veltes on a	4ᶜ,	3ᵉ,	1763,20.00
8ᵉ ex : pour	400	pintes on a	4ᶜ,	4ᵉ,	220,40.00
9° ex : pour	3000	pintes on a	3ᶜ,	4ᵉ,	1653,00.00
10ᵉ ex : pour	80	litres on a	8ᵉ,	2°,	46,40.00
11ᵉ ex : pour	3	litres on a	3ᶜ,	2°,	1,74.00
12° ex : pour	20	centilitres on a	2°,	2ᵉ,	0,11.60

2ᵉ SÉRIE. — PROBLÈMES SUR LE DEGRÉ

Trouver le montant d'une livraison composée, ou de 32 hectolitres, 83 litres, 20 centilitres; ou de 432 veltes; ou bien de 3456 pintes, soit à un *degré égal* aux tables, c'est-à-dire à 4° de Tessa; soit à un *degré supérieur* à 4°; soit enfin à un *degré inférieur* à 4°, au prix de 58 fr. l'hectolitre (même table, n° 21°).

13ᵉ ex : HECTOLITRES.				14ᵉ ex : VELTES.		
Q. 32, h. 83, l. 20 on a	f. c.			Q. 432 on a	f. c.	
pour 2,	PD.	116,00.00		pour 2,	PD.	8,81.60
30,		1740,00.00		30,		132,24.00
0,80.		46,40.00		400,		1763,20.00
0,03.		1,74.00		M. à 4°..............		1904,25.60
0,00.20		0,11.60				
M. à 4°..............	1904.25.60					

Nota. On a réuni chacune des espèces de mesures données dans les douze exemples ci-dessus pour en avoir le montant isolé.

15e ex : PINTES.
Q. 3456 on a   fr.   c.
pour   6, P. et D.   3,30.60
          50,   27,55.00
          400,   220,40 00
          3000,   1653,00.00
                                 ——————
M. à 4°   1904,25 60
                                      fr.   c.
17e ex : au M.   1904,25.60
on ajoute pour 7/8.   83.31.12
                                 ——————
M. à 4° 7/8.   1987,56,72

16e ex : si l'eau-de-vie est à 4° 7 8, on calcule les 7/8 avec le 7e tarif, en prenant sur la
Q. 1904 f. 25,60   fr.   c.
pour   4 f.   0,17.50
          900,   39,37.50
          1000,   43,75.00
          0,20.00   0,00.87.50
          0,05.00   0,00.21.87.50
          0,00.60   0,00.02.62.50
                     ——————
Total par 7/8.   83,31.12.00.00

18e ex : l'eau-de-vie étant à 4°7 8 on calcule avec la 7e règle, en prenant sur le M. à 4° 1904,25.60
pour 4/8 le 1/4   47,60.64
     2/8 la 1/2   23,80.32
     1 8 la 1/2   11,90.16
                         ——————
M. à 4° 7/8   1987,56.72

19e ex : l'eau-de-vie étant à 3° 1 8, on calcule avec le 7e tarif les 7 8, comme ci-dessus et on les soustrait du M. à 4°.
M. à 4°.   1904,25.60
ôtant pour les 7/8   83,31.12
                              ——————
Reste le M. à 3°1/8.   1820,94.48

20e ex : l'eau-de-vie étant à 3° 1/8, on cherche le montant à 4° comme dans les exemples 13e, 14 ou 15e, puis calculant d'après la 7e règle sur le M. à 4°............................ 1904 fr., 25.60
On laisse en blanc 1° une ligne pour les 7/8 ; ......,.......
2° Une 2e ligne pour écrire le reste.   ......,.......
Puis on prend pour 4/8 le 1/4.   47,   60.64
                2/8 la 1/2.   24,   80.32
                1/8 la 1/2.   11,   90.16
                                             ——————
Et pour les   7/8 la petite somme de   83,   31.12
que l'on porte dans la première ligne blanche sous 1904,25.60 et enfin l'on écrit le reste 1820 fr. 94.48 dans la deuxième ligne blanche.

21e ex : l'eau-de-vie étant à 6° 7/8, on prend de 1904,25.60
pour 46/8 le 1/10   190,42 56
     4/8 le 1/4   47,60.64
     2/8 la 1/2   23,80.32
     1/8 la 1/2   11,90.16
                          ——————
M. à 6° 7/8.   2177,99.28

22e ex : l'eau-de-vie étant à 8° 3/8, on prend de 1904,25.60
pour 4° le 1/5 ou
2 fois le 1/10.   380,85 32
pour 2/8 le 1/8   23,80.32
     1/8 la 1/2   11,90.16
                          ——————
M. à 8° 3/8   2320,84.20

3e SÉRIE. — PROBLÈME SUR LE PRIX.

Trouver le montant d'une livraison de 32 hectolitres 83 litres 20 centilitres, soit 1° à un *prix égal* aux tables, c'est-à-dire entre 38 francs et 161 francs pour l'hectolitre et entre les divers autres prix indiqués plus haut page 9, pour la velte et pour la pinte ; 2° Soit à un *prix supérieur* aux tables et dès lors à 161 francs ; 3° Enfin soit à un *prix inférieur* aux tables et dès lors inférieur à 38 francs.

Si le *prix est égal* aux tables, le problème est facile à résoudre, et l'on opère tant pour les hectolitres que pour les veltes et pour les pintes, avec la table qui porte le prix de la livraison proposée, comme je l'indique dans les quinze premiers exemples ci-dessus. *Voyez* page 19.

Si le prix est *supérieur* aux tables et dès lors à 161 francs, on procède de la manière suivante :

Règle générale. On prend la 1/2. le 1/3, le 1/4 etc. de ce prix, et l'on double, triple ou quadruple etc. le montant de la livraison.

23ᵉ ex : l'eau-de-vie étant à 4° et à 348 fr. l'hectolitre, on prend le 1/6 de 348 fr. ce qui donne le prix de 58. alors on opère avec la table 21ᵉ, et l'on a le M. 1904,25.60 que l'on multiplie par 6 pour avoir le M. 11425,53.60 — puis on multiplie Q. 32,83.20 par le nombre 6 ce qui donne la Q. de 196,99.20 de Q. 196 h. 99 l. 20 on a :

	fr.	c.
pour 6, hectol.	348,00	
90,	5.220,00	
100,	5.800,00	
0,90.	52,20	
0,09.	5,22	
0,00.20.	0,11	60
M. à 348 francs.	11.425,53	60

24ᵉ ex : procédant comme ci-dessus, on prend le 1/6 de 348 fr. pour se servir de la table N° 21ᵉ à 58,

Si le prix est *inférieur* aux tables, on procède ainsi qu'il suit :
Règle générale. On double, triple, quadruple etc. ce prix, et l'on prend la 1/2, le 1/3, le 1/4 etc. du montant de la livraison, ou bien l'on prend la 1/2, le 1/3, le 1/4 etc. de la quantité primitive.

25ᵉ ex : l'eau-de-vie étant à 14 fr. 50 l'hectolitre à 4°. On quadruple ce prix pour opérer avec la table, n° 21, à 58 fr., puis l'on prend le 1/4 du M. 1904,25.60 qui est pour le 1/4 476,06.40 et dès lors on a pour le M. à 14 fr. 50 — de 14 f. 50, ce qui donne 58 f., pour opérer avec la table n° 21ᵉ, puis prenant le 1/4 de 132,83.20 on obtient p. ce 1/4 8,20.80 de Q. 8,20.80 on a :

	fr.	c.
pour 8, hectolitres	464,00	
0,20 litres	11,60	
0,00.80	0,46	40
M. à 14 fr. 50	476,06	40

26ᵉ ex : on multiplie par 4 le prix

Lorsque le prix est composé de francs et centimes, on le calcule en le doublant, le quadruplant, etc... pour qu'il fasse un nombre entier et qu'il soit porté dans une table. Le montant qui en provient, étant divisé par le nombre qui a servi primitivement à multiplier ce prix, donne le véritable montant de la livraison.

Ou bien, on divise ce prix en deux nombres entiers dont l'un contient les francs et l'autre les centimes, on les calcule à part avec deux tables, et l'on obtient deux montants, dont la simple addition donne le véritable montant de la livraison.

CONVERSION.

DES ANCIENNES MESURES EN NOUVELLES.

Nombre.	N° I. Veltes en pintes.	N° IV. Barriques de Cognac en litres.	N° VII. Veltes de Cognac en litres.	N° X. Pintes de Cognac en litres.
	p.	l.	l.	l.
1,	8,	205,20	7,60	0,95
2,	16,	410,40	15,20	1,90
3,	24,	615,60	22,80	2,85
4,	32,	820,80	30,40	3,80
5,	40,	1026,00	38,00	4,75
6,	48,	1231,20	45,60	5,70
7,	56,	1436,40	53,20	6,65
8,	64,	1641,60	60,80	7,60
9,	72,	1846,80	68,40	8,55

Nombre.	N° II. Barriques en veltes.	N° V. Barriques de Paris en litres.	N° VIII. Veltes de Paris en litres.	N° XI. Pintes de Paris en litres.
	p.	l.	l.	l.
1,	27,	201,15	7,45	0,93
2,	54,	402,30	14,90	1,86
3,	81,	603,45	22,35	2,79
4,	108,	804,60	29,80	3,72
5,	135,	1005,75	37,25	4,65
6,	162,	1206,90	44,70	5,58
7,	189,	1408,05	52,15	6,51
8,	216,	1609,20	59,60	7,44
9,	243,	1810,35	67,05	8,37

Nombre.	N° III. Barriques en pintes.	N° VI. Barriques de l'Aunis en litres.	N° IX. Veltes de l'Aunis en litres.	N° XII. Pintes de l'Aunis en litres.
	p.	l.	l.	l.
1,	216,	205,47	7,61	0,95.12
2,	432,	410,94	15,22	1,90.24
3,	648,	616,41	22,83	2,85.36
4,	864,	821,88	30,44	3,80.48
5,	1.080,	1027,35	38,05	4,75.60
6,	1.296,	1232,82	45,66	5,70.72
7,	1.512,	1438,29	53,27	6,65.84
8,	1,728,	1643,76	60,88	7,60.96
9,	1.944,	1849,23	68,49	8,56.08

CONVERSION.

DES NOUVELLES MESURES EN ANCIENNES.

Nombre.	N° XIII. Litres en Veltes de Cognac.	N° XVI. Litres en Pintes de Cognac.
	V.	P.
1,	13,15789473	1,052631
2,	26,31578947	2,105263
3,	39,47368421	3,157894
4,	52,63157894	4,210526
5,	65,78947368	5,263157
6,	78,94736842	6,315789
7,	92,10526315	7,368421
8,	105,26315789	8,421052
9,	118,42105263	9,473684
	N° XIV. Litres en Veltes de Paris.	N° XVII. Litres en Pintes de Paris.
	V.	P.
1,	13,4228	1,0741
2,	26,8456	2,1482
3,	40,2684	3,2223
4,	53,6912	4,2964
5,	67,1140	5,3705
6,	80,5368	6,4446
7,	93,9596	7,5187
8,	107,3824	8,5928
9,	120,8052	9,6669
	N° XV. Litres en Veltes de l'Aunis.	N° XVIII. Litres en Pintes de l'Aunis.
	V.	P.
1,	13,1413	1,051313
2,	26,2826	1,102626
3,	39,4239	3,153939
4,	52,5652	4,205252
5,	65,7065	5,256565
6,	78,8478	6,307878
7,	91,9891	7,359191
8,	105,1304	8,410504
9,	108,2717	9,461817

EMPLOI

DES TABLEAUX DE CONVERSION.

1er EXEMPLE.

Conversion de 432 veltes en litres. Tableau n° VII.
ci...... 432

	h.	l.
..2,	0,15.20
.30,	2,28.00
400,	30,40.00
Total........	32,83.20

2e EXEMPLE.

Convers. de 432 veltes en pintes. Tableau n° I.
ci..... 432

	p.
..2,	16,
.30,	240,
400,	3200,
Total..........	3456,

3e EXEMPLE.

Convers. de 3456 pintes en litres. Tableau n° X.
ci.... 3456

	h.	l,
...6	5,70
..50	47,50
.400	380,
3000	2850,
Total.......	3283,20

4e EXEMPLE.

Convers. de 16 barriq. en veltes. Tableau n° II.
ci..... 16

	v.
.6	162
10	270
Total............	432

5e EXEMPLE.

Convers. de 32 h. 83 l. 20 en veltes. Tableau n° XIII.
ci. 32,83.20.

	v.	3.
2,	26,31.578
30,	394,73.684
0,80	010,52.631
0,03	000,39.473
0,00.20	000,02.631
Veltes........	432,00.000

6e EXEMPLE.

Convers. de 32 h. 83 l. 20 en pintes. Tableau n° XVI.
ci. 32,83.20

	p.	2.
2,	210,52.63
30,	3157,89.47
0,80.	084,21.05
0,03.	003,15.78
0,00.20	000,21.05
Pintes........	3456,00.00

7e EXEMPLE.

Convers. de 16 barriques en pintes. Tableau n° III.
ci. 16,

	pintes.
.6,	1296
10,	2160
Total.............	3456

8e EXEMPLE.

Convers. de 16 barriques en litres. Tableau n° IV.
ci. 16

	l.
.6	12.31,20
10	20.52,00
Total..........	32.83,20

TABLES

DU

BARRÊME DÉCIMAL

DONNANT,

1° LES PRIX DE L'HECTOLITRE D'EAU-DE-VIE A 60 CENTÉSIMAUX,

OU 4 DEGRÉS DE TESSA,

DEPUIS 38 FRANCS JUSQU'A 161 FRANCS,

AINSI QUE CEUX DU DÉCALITRE ET DU LITRE;

ET

2° LA COMPARAISON EXACTE DES PRIX DE CES NOUVELLES MESURES

AVEC CEUX DE LA BARRIQUE, DE LA VELTE ET DE LA PINTE,

PARTICULIÈREMENT EMPLOYÉES A COGNAC.

TABLE 1re.

fr. c.   fr. c.

A 38,00. l'hectolitre, la barrique vaut....77,97.60

HECTOLITRES.		VELTES.	PINTES.
Quantité.	Prix. fr.	Prix. fr. c.	Prix. fr. c.
1,	38,	2,88.80	0,36.10
2,	76,	5,77.60	0,72.20
3,	114,	8,66.40	1,08.30
4,	152,	11,55.20	1,44.40
5,	190,	14,44.00	1,80.50
6,	228,	17,32.80	2,16.60
7,	266,	20,21.60	2,52.70
8,	304,	23,10.40	2,88.80
9,	342,	25,99.20	3,24.90
10,	380,	28,88.00	3,61.00
100,	3.800,	288,80.00	36,10.00
0,10. litres	3,80. ½ V.	1,44.40	½ P. 0,18.05.00
0,01. litre	0,38. ¼ V.	0,72.20	¼ P. 0,09.02.50

TABLE 2e.

fr. c.   fr. c.

A 39,00. l'hectolitre, la barrique vaut....80,02.80

HECTOLITRES.		VELTES.	PINTES.
Quantité.	Prix. fr.	Prix. fr. c.	Prix. fr. c.
1,	39,	2,96.40	0,37.05
2,	78,	5,92.80	0,74.10
3,	117,	8,89.20	1,11.15
4,	156,	11,85.60	1,48.20
5,	195,	14,82.00	1,85.25
6,	234,	17,78.40	2,22.30
7,	273,	20,74.80	2,59.35
8,	312,	23,71.20	2,96.40
9,	351,	26,67.60	3,33.45
10,	390,	29,64.00	3,70.50
100,	3.900,	296,40.00	37,05.00
0,10. litres	3,90. ½ V.	0,14.82	½ P. 0,18.52.50
0,01. litre	0,39. ¼ V.	0,07.44	¼ P. 0,09.26.25

TABLE 3ᵉ.

fr. c.
A 40,00. l'hectolitre, la barrique vaut. . . .82,08. 00 *(fr. c.)*

HECTOLITRES.		VELTES.	PINTES.
Quantité.	Prix. fr.	Prix. fr. c.	Prix. fr. c.
1,	40,	3,04.00	0,38.00
2,	80,	6,08.00	0,76.00
3,	120,	9,12.00	1,14.00
4,	160,	12,16.00	1,52.00
5,	200,	15,20.00	1,90.00
6,	240,	18,24.00	2,28.00
7,	280,	21,28.00	2,66.00
8,	320,	24,32.00	3,04.00
9,	360,	27,36.00	3,42.00
10,	400,	30,40.00	3,80.00
100,	4.000,	304,00.00	38,00.00
0,10. litres	4,00. ½ V.	0,15.20	½ P. 0,19.00
0,01. litre	0,40. ¼ V.	0,07.60	¼ P. 0,09.50

TABLE 4ᵉ.

fr. c.
A 41,00. l'hectolitre, la barrique vaut. . . .84,13.20 *(fr. c.)*

HECTOLITRES.		VELTES.	PINTES.
Quantité.	Prix. fr.	Prix. fr. c.	Prix. fr. c.
1,	41,	3,11.60	0,38.95
2,	82,	6,23.20	0,77.90
3,	123,	9,34.80	1,16.85
4,	164,	12,46.40	1,55.80
5,	205,	15,58.00	1,94.75
6,	246,	18,69.60	2,33.70
7,	287,	21,81.20	2,72.65
8,	328,	24,92.80	3,11.60
9,	369,	28,04.40	3,50.55
10,	410,	31,16.00	3,89.50
100,	4.100,	311,60.00	38,95.00
0,10. litres	4,10. ½ V.	1,55.80	½ P. 0,19.47.50
0,01. litre	0,41. ¼ V.	0,77.90	¼ P. 0,09.73.75

TABLE 5e.

fr. c.
A 42,00. l'hectolitre, la barrique vaut....86,18.40

Quantité.	HECTOLITRES. Prix. fr.	VELTES. Prix. fr. c.	PINTES. Prix. fr. c.
1,	42,	3,19.20	0,38.90
2,	84,	6,38.40	0,79.80
3,	126,	9,57.60	1,19.70
4,	168.	12,76.80	1,59.60
5,	210,	15,96.00	1,99.50
6,	252,	19,15.20	2,39.40
7,	294,	22,34.40	2,79.30
8,	336,	25,53.60	3,19.20
9,	378,	28,72.80	3,59.10
10,	420,	31,92.00	3,99.00
100,	4.200,	319,20.00	39,90.00
0,10. litres	4,20. ½ V.	1,59.60	½ P. 0,19.95.00
0,01. litre	0,42. ¼ V.	0,79.80	¼ P. 0,09.97.50

TABLE 6e.

fr. c.
A 43,00. l'hectolitre, la barrique vaut....88,23.60

Quantité.	HECTOLITRES. Prix. fr.	VELTES. Prix. fr. c.	PINTES. Prix. fr. c.
1,	43,	3,26.80	0,40.85
2,	86,	6,53.60	0,81.70
3,	129,	9,80.40	1,22.55
4,	172,	13,07.20	1,63.40
5,	215,	16,34.00	2,04.25
6,	258,	19,60.80	2,45.10
7,	301,	22,87.60	2,85.95
8,	344,	26,14.40	3,26.80
9,	387,	29,41.20	3,67.65
10,	430,	32,68.00	4,08.50
100,	4.300,	326,80.00	40,85.00
0,10. litres	4,30. ½ V.	1,63.40	½ P. 0,20.42.50
0,01. litre	0,43. ¼ V.	0,81.70	¼ P. 0,10.21.25

TABLE 7e.

A 44,00. l'hectolitre, la barrique vaut....90,28.80

Quantité.	HECTOLITRES. Prix. fr.	VELTES. Prix. fr. c.		PINTES. Prix. fr. c.
1,	44,	3,34.40		0,41.80
2,	88,	6,68.80		0,83.60
3,	132,	10,03.20		1,25.40
4,	176,	13,37.60		1,67.20
5,	220,	16,72.00		2,09.00
6,	264,	20,06.40		2,50.80
7,	308,	23,40.80		2,92.60
8,	352,	26,75.20		3,34.40
9,	396,	30,09.60		3,76.20
10,	440,	33,44.00		4,18.00
100,	4.400,	334,40.00		41,80.00
0,10.litres	4,40. ½ V.	1,67.20	½ P.	0,20.90
0,01.litre	0,44. ¼ V.	0,83.60	¼ P.	0,10.45

TABLE 8e.

A 45,00. l'hectolitre, la barrique vaut....92,34.00

Quantité.	HECTOLITRES. Prix. fr.	VELTES. Prix. fr. c.		PINTES. Prix. fr. c.
1,	45,	3,42.00		0,42.75
2,	90,	6,84.00		0,85.50
3,	135,	10,26.00		1,28.25
4,	180,	13,68.00		1,71.00
5,	225,	17,10.00		2,13.75
6,	270,	20,52.00		2,56.50
7,	315,	23,94.00		2,99.25
8,	360,	27,36.00		3,42.00
9,	405,	30,78.00		3,84.75
10,	450,	34,20.00		4,27.50
100,	4.500,	342,00.00		42,75.00
0,10. litres	4,50. ½ V.	1,71.00	½ P.	0,21.37.50
0,01. litre	0,45. ¼ V.	0,85.50	¼ P.	0,10.68.75

COMPARAISON DES PRIX.

TABLE 9ᵉ.

A 46,00. l'hectolitre, la barrique vaut....94,39.20 (fr. c.)

HECTOLITRES.		VELTES.	PINTES.
Quantité.	Prix. fr.	Prix. fr. c.	Prix. fr. c.
1,	46,	3,49.60	0,43.70
2,	92,	6,99.20	0,87.40
3,	138,	10,48 80	1,31.10
4,	184,	13,98.40	1,74.80
5,	230,	17,48.00	2,18.50
6,	276,	20,97.60	2,62.20
7,	322,	24,47.20	3,05.90
8,	368,	27,96.80	3,49.60
9,	414,	31,46.40	3,93.30
10,	460,	34,96.00	4,37.00
100,	4.600,	349,60.00	43,70.00
0,10. litres	4,60. ½ V.	1,74.80	½ P. 0,21.85.00
0,01. litre	0,46. ¼ V.	0,87.40	¼ P. 0,10.92.50

TABLE 10ᵉ.

A 47,00. l'hectolitre, la barrique vaut....96,44,40 (fr. c.)

HECTOLITRES.		VELTES.	PINTES.
Quantité.	Prix. fr.	Prix. fr. c.	Prix. fr. c.
1,	47,	3,57.20	0,44.65
2,	94,	7,14.40	0,89 30
3,	141,	10,71.60	1,33.95
4,	188,	14,28.80	1,78.60
5,	235,	17,86.00	2.23.25
6,	282,	21,43.20	2,67.90
7,	329,	25,00.40	3,12.55
8,	376,	28,57.60	3,57.20
9,	423,	32,14.80	4,01.85
10,	470,	35,72.00	4,46.50
100,	4.700,	357,20.00	44,65.00
0,10. litres	4,70. ½ V.	1,78.60	½ P. 0,22.32.50
0,01. litre	0,47. ¼ V.	0,89.30	¼ P. 0,11.16.25

TABLE 11e.

A 48,00. l'hectolitre, la barrique vaut....98,49.60

Quantité.	HECTOLITRES. Prix. fr.	VELTES. Prix. fr. c.		PINTES. Prix. fr. c.
1,	48,	3,64.80		0,45.60
2,	96,	7,29 60		0,91.20
3,	144,	10,94.40		1,36.80
4,	192,	14,59.20		1,82.40
5,	240,	18,24.00		2,28.00
6.	288,	21,88.80		2,73.60
7,	336,	25,53.60		3,19.20
8,	384,	29,18.40		3,64.80
9,	432,	32,83.20		4,10.40
10,	480,	36,48.00		4,56.00
100,	4.800,	364,80.00		45,60.00
0,10.litres	4,80. ½ V.	1,82.40	½ P.	0,22.80
0,01.litre	0,48. ¼ V.	0,91.20	¼ P.	0,11.40

TABLE 12e.

A 49,00. l'hectolitre, la barrique vaut....100,54.80

Quantité.	HECTOLITRES. Prix. fr.	VELTES. Prix. fr. c.		PINTES. Prix. fr. c.
1,	49,	3,72.40		0,46.55
2,	98,	7,44.80		0,93.10
3,	147,	11,17.20		1,39.65
4,	196,	14,89.70		1,86.20
5,	245,	18,62.00		2,32.75
6,	294,	22,34.40		2,79.30
7,	343,	26,06.80		3,25.85
8,	392,	29 79,20		3,72.40
9,	441,	33,51.60		4,18.95
10,	490,	37,24.00		4,65.50
100,	4.900,	372,40.00		46,55.00
0,10. litres	4,90. ½ V.	1,86.20	½ P.	0,23.27.50
0,01.litre	0,49. ¼ V.	0,93.10	¼ P.	0,11.63.75

TABLE 13e.

A 50,00. l'hectolitre, la barrique vaut....102,60.00

Quantité.	HECTOLITRES. Prix. fr.	VELTES. Prix. fr. c.	PINTES. Prix. fr. c.
1,	50,	3,80.00	0,47.50
2,	100,	7,60.00	0,95.00
3,	150,	11,40.00	1,42.50
4,	200,	15,20.00	1,90.00
5,	250,	19,00.00	2,37.50
6,	300,	22,80.00	2,85.00
7,	350,	26,60.00	3,32.50
8,	400,	30,40.00	3,80.00
9,	450,	34,20.00	4,27.50
10,	500,	38,00.00	4,75.00
100,	5.000,	380,00.00	47,50.00
0,10. litres	5,00. ½V.	1,90.00	½P. 0,23.75.00
0,01. litre	0,50. ¼V.	0,95.00	¼P. 0,11.87.50

TABLE 14e.

A 51,00. l'hectolitre, la barrique vaut...104,65.20

Quantité.	HECTOLITRES. Prix. fr.	VELTES. Prix. fr. c.	PINTES. Prix. fr. c.
1,	51,	3,87.60	0,48.45
2,	102,	7,75.20	0,96.90
3,	153,	11,62.80	1,45.35
4,	204,	15,50.40	1,93.80
5,	255,	19,38.00	2,42.25
6,	306,	23,25.60	2,90.70
7,	357,	27,13.20	3,39.15
8,	408,	31,00.80	3,87.60
9,	459,	34,88.40	4,36.05
10,	510,	38,76.00	4,84.50
100,	5.100,	387,60.00	48,45.00
0,10. litres	5,10. ½V.	1,93.80	½P. 0,24.22.50
0,01. litre	0,51. ¼V.	0,96.90	¼P. 0,12.11.25

TABLE 15e.

fr. c.
A 52,00. l'hectolitre, la barrique vaut....106,70.40

HECTOLITRES.		VELTES.	PINTES.
Quantité.	Prix. fr.	Prix. fr. c.	Prix. fr. c.
1,	52,	3,95.20	0,49.40
2,	104,	7,90.40	0,98.80
3,	156,	11,85.60	1,48.20
4,	208,	15,80.80	1,97.60
5,	260,	19,76.00	2,47.00
6,	312,	23,71.20	2,96.40
7,	364,	27,66.40	3,45.80
8,	416,	31,61.60	3,95.20
9,	468,	35,56.80	4,44.60
10,	520,	39,52.00	4,94.00
100,	5.200,	395,20.00	49,40.00
0,10. litres	5,20. ½ V.	1,97.60	½ P. 0,24.70
0,01. litre	0,52. ¼ V.	0,98.80	¼ P. 0,12.35

TABLE 16e.

fr. c.
A 53,00. l'hectolitre, la barrique vaut....108,75.60

HECTOLITRES.		VELTES.	PINTES.
Quantité.	Prix. fr.	Prix. fr. c.	Prix. fr. c.
1,	53,	4,02.80	0,50.35
2,	106,	8,05.60	1,00.70
3,	159,	12,08.40	1,51.05
4,	212,	16,11.20	2,01.40
5,	265,	20,14.00	2,54.75
6,	318,	24,16.80	3,02.10
7,	371,	28,19.60	3,52.45
8,	424,	32,22.40	4,02.80
9,	477,	36,25.20	4,53.15
10,	530,	40,28.00	5,03.50
100,	5.300,	402,80.00	50,35.00
0,10. litres	5,30. ½ V.	2,01.40	½ P. 0,25.17.50
0,01. litre	0,53. ¼ V.	1,00.70	¼ P. 0,12.58.75

2.

TABLE 17e.

fr. c.
A 54,00. l'hectolitre, la barrique vaut... .110,80.80   fr. c.

| | HECTOLITRES. | | VELTES. | | PINTES. |
Quantité.	Prix. fr.		Prix. fr. c.		Prix. fr. c.
1,	54,		4,10.40		0,51.30
2,	108,		8,20.80		1,02.60
3,	162,		12,31.20		1,53.90
4,	216,		16,41.60		2,05.20
5,	270,		20,52.00		2,56.50
6,	324,		24,62.40		3,07.80
7,	378,		28,72.80		3,59.10
8,	432,		32,83.20		4,10.40
9,	486,		36,93.60		4,61.70
10,	540,		41,04.00		5,13.00
100,	5.400,		410,40.00		51,30.00
0,10. litres	5,40. ½ V.		2,05.20	½ P.	0,25.65.00
0,01. litre	0,54. ¼ V.		1,02.60	¼ P.	0,12.82.50

TABLE 18e.

fr. c.
A 55,00. l'hectolitre, la barrique vaut... .112,86.00   fr. c.

| | HECTOLITRES. | | VELTES. | | PINTES. |
Quantité.	Prix. fr.		Prix. fr. c.		Prix. fr. c.
1,	55,		4,18		0,52.25
2,	110,		8,36		1,04.50
3,	165,		12,54		1,56.75
4,	220,		16,72		2,09.00
5,	275,		20,90		2,61.25
6,	330,		25,08		3,13.50
7,	385,		29,26		3,65.75
8,	440,		33,44		4,18.00
9,	495,		37,62		4,70.25
10,	550,		41,80		5,22.50
100,	5.500,		418,00		52,25.00
0,10. litres	5,50. ½ V.		2,09.00	½ P.	0,26.12.50
0,01. litre	0,55. ¼ V.		1,04.50	¼ P.	0,13.06.25

TABLE 19e.

fr. c.   fr. c.
A 56,00. l'hectolitre, la barrique vaut....114,91.20

Quantité.	HECTOLITRES. Prix. fr.	VELTES. Prix. fr. c.		PINTES. Prix. fr. c.
1,	56,	4,25.60		0;53.20
2,	112,	8,51.20		1,06.40
3,	168,	12,76.80		1,59.60
4,	224,	17,02.40		2,12.80
5,	280,	21,28.00		2,66.00
6,	336,	25,53.60		3,19.20
7,	392,	29,79.20		3,72.40
8,	448,	34,04.80		4,25.60
9,	504,	38,30.40		4,78.80
10,	560,	42,56.00		5,32.00
100,	5.600,	425,60.00		53,20.00
0,10. litres	5,60. ½ V.	2,12.80	½ P.	0,26.60
0,01. litre	0,56. ¼ V.	1,06.40	¼ P.	0,13.30

TABLE 20e.

fr. c.   fr. c.
A 57,00. l'hectolitre, la barrique vaut....116,96.40

Quantité.	HECTOLITRES. Prix. fr.	VELTES. Prix. fr. c.		PINTES. Prix. fr. c.
1,	57,	4,33.20		0;54.15
2,	114,	8,66.40		1,08.30
3,	171,	12,99.60		1,62.45
4,	228,	17,32.80		2,16.60
5,	285,	21,66.00		2,70.75
6,	342,	25,99.20		3,24.90
7,	399,	30,32.40		3,79.05
8,	456,	34,65.60		4,33.20
9,	513,	38,98.80		4,87.35
10,	570,	43,32.00		5,41.50
100,	5.700,	433,20.00		54,45.00
0,10. litres	5,70. ½ V.	2,16.60	½ P.	0,27.07.50
0,01. litre	0,57. ¼ V.	1,08.30	¼ P.	0,13.53.75

TABLE 21ᵉ.

A 58,00. l'hectolitre, la barrique vaut....119,10.60

Quantité.	HECTOLITRES. Prix.fr.	VELTES. Prix.fr. c.	PINTES. Prix. fr. c.
1,	58,	4,40.80	0,55.10
2,	116,	8,81.60	1,10.20
3,	174,	13,22.40	1,65.30
4,	232,	17,63.20	2,20.40
5,	290,	22,04.00	2,75.50
6,	348,	26,44.80	3,30.60
7,	406,	30,85.60	3,85.70
8,	464,	35,26.40	4,40.80
9,	522,	39,67.20	4,95.90
10,	580,	44,08.00	5,51.00
100,	5.800,	440,80.00	55,10.00
0,10. litres	5,80. ½ V.	2,20.40	½ P. 0,27.55.00
0,01. litre	0,58. ¼ V.	1,10.20	¼ P. 0,13.77.50

TABLE 22ᵉ.

A 59,00. l'hectolitre, la barrique vaut....121,06.80

Quantité.	HECTOLITRES. Prix.fr.	VELTES. Prix.fr. c.	PINTES. Prix. fr. c.
1,	59,	4,48.40	0,56.05
2,	118,	8,96.80	1,12.10
3,	177,	13,45.20	1,68.15
4,	236,	17,93.60	2,24.20
5,	295.	22,42.00	2,80 25
6,	354,	26,90.40	3,36.30
7,	413,	31,38.80	3,92.35
8,	472,	35,87.20	4,48.40
9,	531,	40,35.60	5,04.45
10,	590,	44,84.00	5,60.50
100,	5.900,	448,40.00	56,05.00
0,10. litres	5,90. ½ V.	2,24.20	½ P. 0,28.02.50
0,01. litre	0,59. ¼ V.	1,12.10	¼ P. 0,14.01.25

TABLE 23ᵉ.

A 60,00. l'hectolitre, la barrique vaut....123,12.00

	HECTOLITRES.		VELTES,		PINTES.
Quantité.	Prix. fr.	Prix. fr.	c.		Prix. fr. c.
1,	60,		4,56.00		0,57.00
2,	120,		9,12.00		1,14.00
3,	180,		13,68.00		1,71.00
4,	240,		18,24.00		2,28.00
5,	300,		22,80.00		2,85.00
6,	360,		27,36.00		3,42.00
7,	420,		31,92.00		3,99.00
8,	480,		36,48.00		4,56.00
9,	540,		41,04.00		5,13.00
10,	600,		45,60.00		5,70.00
100,	6.000,		456,00.00		57,00.00
0,10. litres	6,00.	½ V.	2,28.00	½ P.	0,28.50
0,01. litre	0,60.	¼ V.	1,14.00	¼ P.	0,14.25

TABLE 24ᵉ.

A 61,00. l'hectolitre, la barrique vaut....125,17.20

	HECTOLITRES.		VELTES.		PINTES.
Quantité.	Prix. fr.	Prix. fr.	c.		Prix. fr. c.
1,	61,		4,63.60		0,57.95
2,	122,		9,27.20		1,15.90
3,	183,		13,90.80		1,73.85
4,	244,		18,54.40		2,31.80
5,	305,		23,18.00		2,89.75
6,	366,		27,81.60		3,47.70
7,	427,		32,45.20		4,05.65
8,	488,		37,08.80		4,63.60
9,	549,		41,72.40		5,21.55
10,	610,		46,36.00		5,79.50
100,	6.100,		463,60.00		57,95.00
0,10. litres	6,10.	½ V.	2,31.80	½ P.	0,28.97.50
0,01. litre	0,61.	¼ V.	1,15.90	¼ P.	0,14.48.75

TABLE 25e.

A 62,00 l'hectolitre, la barrique vaut....127,22.40

HECTOLITRES.		VELTES.	PINTES.
Quantité.	Prix. fr.	Prix. fr. c.	Prix. fr. c.
1,	62,	4,71.20	0,58.90
2,	124,	9,42.40	1,17.80
3,	186,	14,13.60	1,76.70
4,	248,	18,84.80	2,35.60
5,	310,	23,56.00	2,94.50
6,	372,	28,27.20	3,53.40
7,	434,	32,98.40	4,12.30
8,	496,	37,69.60	4,71.20
9,	558,	42,40.80	5,30.10
10,	620,	47,12.00	5,89.00
100,	6.200,	471,20.00	58,90.00
0,10. litres	6,20. ½ V.	2,35.60	½ P. 0,29.45.00
0,01. litre	0,62. ¼ V.	1,17.80	¼ P. 0,14.72.50

TABLE 26e.

A 63,00 l'hectolitre, la barrique vaut....129,27.60

HECTOLITRES.		VELTES.	PINTES.
Quantité.	Prix. fr.	Prix. fr. c.	Prix. fr. c.
1,	63,	4,78.80	0,59.85
2,	126,	9,57.60	1,19.70
3,	189,	14,36.40	1,79.55
4,	252,	19,15.20	2,39.40
5,	315,	23,94.00	2,99.25
6,	378,	28,72.80	3,59.10
7,	441,	33,51.60	4,18.95
8,	504,	38,30.40	4,78.80
9,	567,	43,09.20	5,38.65
10,	630,	47,88.00	5,98.50
100,	6.300,	478,80.00	59,85.00
0,10. litres	6,30. ½ V.	2,39.40	½ P. 0,29.92.50
0,01. litre	0,63. ¼ V.	1,19.70	¼ P. 0,14.96.25

TABLE 27e.

A 64,00 l'hectolitre, la barrique vaut....131,32.80

	HECTOLITRES.	VELTES.	PINTES.
Quantité.	Prix. fr.	Prix. fr. c.	Prix. fr. c.
1,	64,	4,86.40	0,60.80
2,	128,	9,72.80	1,21.60
3,	192,	14,59.20	1,82.40
4,	256,	19,45.60	2,43.20
5,	320,	24,32.00	3,04.00
6,	384,	29,18.40	3,64.80
7,	448,	34,04.80	4,25.60
8,	512,	38,91.20	4,86.40
9,	576,	43,77.60	5,47.20
10,	640,	48,64.00	6,08.00
100,	6.400,	486,40.00	60,80.00
0,10. litres	6,40. ½V.	2,43.20 ½P.	0,30.40
0,01. litre	0,64. ¼V.	1,21.60 ¼P.	0,15.20

TABLE 28e.

A 65,00. l'hectolitre, la barrique vaut....133,38.00

	HECTOLITRES.	VELTES.	PINTES.
Quantité.	Prix. fr.	Prix. fr. c.	Prix. fr. c.
1,	65,	4,94.00	0,61.75
2,	130,	9,88.00	1,23.50
3,	195,	14,82.00	1,85.25
4,	260,	19,76.00	2,47.00
5,	325,	24,70.00	3,08.75
6,	390,	29,64.00	3,70.50
7,	455,	34,58.00	4,32.25
8,	520,	39,52.00	4,94.00
9,	585,	44,46.00	5,55.75
10,	650,	49,40.00	6,17.50
100,	6.500,	494,00.00	61,75.00
0,10. litres	6,50. ½V.	2,47.00 ½P.	0,30.87.50
0,01. litre	0,65. ¼V.	1,23.50 ¼P.	0,15.43.75

COMPARAISON DES PRIX.

TABLE 29ᵉ.

A 66,00. l'hectolitre, la barrique vaut....135,43.20

Quantité.	HECTOLITRES. Prix. fr.	VELTES. Prix. fr. c.	PINTES. Prix. fr. c.
1,	66,	5,01.60	0,62.70
2,	132,	10,03.20	1,25.40
3,	198,	15,04.80	1,88.10
4,	264,	20,06.40	2,50.80
5,	330,	25,08.00	3,13.50
6,	396,	30,09.60	3,76.20
7,	462,	35,11.20	4,38.90
8,	528,	40,12.80	5,01.60
9,	594,	45,14.40	5,64.30
10,	660,	50,16.00	6,27.00
100,	6.600,	501,60.00	62,70.00
0,10. litres	6,60. ½ V.	2,50.80	½ P. 0,31.35.00
0,01. litre	0,66. ¼ V.	1,25.40	¼ P. 0,15.67.50

TABLE 30ᵉ.

A 67,00. l'hectolitre, la barrique vaut....137,48.40

Quantité.	HECTOLITRES. Prix. fr.	VELTES. Prix. fr. c.	PINTES. Prix. fr. c.
1,	67,	5,09.20	0,63.65
2,	134,	10,18.40	1,27.30
3,	201,	15,27.60	1,90.95
4,	268,	20,36.80	2,54.60
5,	335,	25,46.00	3,18.25
6,	402,	30,55.20	3,81.90
7,	469,	35,64.40	4,45.55
8,	536,	40,73.60	5,09.20
9,	603,	45,82 80	5,72.85
10,	670,	50,92.00	6,36.50
100,	6.710,	509,20.00	63,65.00
0,10. litres	6,70. ½ V.	2,54.60	½ P. 0,31.82.50
0,01. litre	0,67. ¼ V.	1,27.30	¼ P. 0,15.91.25

TABLE 31e.

A 68,00. l'hectolitre, la barrique vaut.....139,53.60

Quantité.	HECTOLITRES. Prix. fr	VELTES. Prix. fr. c.	PINTES. Prix. fr. c.
1,	68,	5,16.80	0,64.60
2,	136,	10,33.60	1,29.20
3,	204,	15,50.40	1,93.80
4,	272,	20,67.20	2,58.40
5,	340,	25,84.00	3,23.00
6,	408,	31,00.80	3,87.60
7,	476,	36,17.60	4,52.20
8,	544,	41,34.40	5,16.80
9,	612,	46,51.20	5,81.40
10,	680,	51,68.00	6,46.00
100,	6.800,	516,80.00	64,60.00
0,10. litres	6,80. ½ V.	2,58.40 ½ P.	0,32.30
0,01. litre	0,68. ¼ V.	1,29.20 ¼ P.	0,16.15

TABLE 32e.

A 69,00. l'hectolitre, la barrique vaut....141,58.80

Quantité.	HECTOLITRES. Prix. fr.	VELTES. Prix. fr. c.	PINTES. Prix. fr. c.
1,	69,	5,24.40	0,65.55
2,	138,	10,48.80	1,31.10
3,	207,	15,73.20	1,96.65
4,	276,	20,97.60	2,62.20
5,	345,	26,22.00	3,27.75
6,	414,	31,46.40	3,93.30
7,	483,	36,70.80	4,58.85
8,	552,	41,95.20	5,24.40
9,	621,	47,19.60	5,89.95
10,	690,	52,44.00	6,55.50
100,	6.900,	524,40.00	65,55.00
0,10. litres	6,90. ½ V.	2,62.20 ½ P.	0,32.77.50
0,01. litre	0,69. ¼ V.	1,31.10 ¼ P.	0,16.38.75

 COMPARAISON DES PRIX.

TABLE 33e.

A 70.00. l'hectolitre, la barrique vaut.....143,64.00

Quantité.	HECTOLITRES. Prix. fr.	VELTES. Prix. fr. c.	PINTES. Prix. fr. c.
1,	70,	5,32.00	0,66.50
2,	140,	10,64.00	1,33.00
3,	210,	15,96.00	1,99.50
4,	280,	21,28.00	2,66.00
5,	350,	26,60.00	3,32.50
6,	420,	31,92.00	3,99.00
7,	490,	37,24.00	4,65.50
8,	560,	42,56.00	5,32.00
9,	630,	47,88.00	5,98.50
10,	700,	53,20.00	6,65.00
100,	7.000,	532,00.00	66,50.00
0,10. litres	7,00. ½ V.	2,66.00	½ P. 0,33.25.00
0,01. litre	0,70. ¼ V.	1,33.00	¼ P. 0,16.62.50

TABLE 34e.

A 71,00. l'hectolitre, la barrique vaut.....145,69.20

Quantité.	HECTOLITRES, Prix. fr.	VELTES. Prix. fr. c.	PINTES. Prix. fr. c.
1,	71,	5,39.60	0,67.45
2,	142,	10,79.20	1,34.90
3,	213,	16,18.80	2,02.35
4,	284,	21,58.40	2,69.80
5,	355,	26,98.00	3,37.25
6,	426,	32,37.60	4,04.70
7,	497,	37,77.20	4,72.15
8,	568,	43,16.80	5,39.60
9,	639,	48,56.40	6,07 05
10,	710,	53,96.00	6,74.50
100,	7.100,	539,60.00	67,45.00
0,10. litres	7,10. ½ V.	2,69.80	½ P. 0,33.72.50
0,01. litre	0,71. ¼ V.	1,34.90	¼ P. 0,16.86.25

TABLE 35ᵉ.

A 72,00. l'hectolitre, la barrique vaut....147,74.40

Quantité.	HECTOLITRES. Prix. fr.	VELTES. Prix. fr. c.	PINTES. Prix. fr. c.
1,	72,	5,47.20	0,68.40
2,	144,	10,94.40	1,36.80
3,	216,	16,41.60	2,05.20
4,	288,	21,88.80	2,73.60
5,	360,	27,36.00	3,42.00
6,	432,	32,83.20	4,10.40
7,	504,	38,30.40	4,78.80
8,	576,	43,77.60	5,47.20
9,	648,	49,24.80	6,15.60
10,	720,	54,72.00	6,84.00
100,	7.200,	547,20.00	68,40.00
0,10. litres	7,20. ½ V.	2,73.60 ½ P.	0,34.20
0,01. litre	0,72. ¼ V.	1,36.80 ¼ P.	0,17.10

TABLE 36ᵉ.

A 73,00. l'hectolitre, la barrique vaut....149,79.60

Quantité.	HECTOLITRES. Prix. fr.	VELTES. Prix. fr. c.	PINTES. Prix. fr. c.
1,	73,	5,54.80	0,69.35
2,	146,	11,09.60	1,38.70
3,	219,	16,64.40	2,08.05
4,	292,	22,19.20	2,77.40
5,	365,	27,74.00	3,46.75
6,	438,	33,28.80	4,16.10
7,	511,	38,83.60	4,85.45
8,	584,	44,38.40	5,54.80
9,	657,	49,93.20	6,24.15
10,	730,	55,48.00	6,93.50
100,	7.300,	554,80.00	69,35.00
0,10. litres	7,30 ½ V.	2,77.40 ½ P.	0,34.67.50
0,01. litre	0,73. ¼ V.	1,38.70 ¼ P.	0,17.33.75

TABLE 37ᵉ.

A 74,00. l'hectolitre, la barrique vaut...151,84.80

Quantité.	HECTOLITRES. Prix. fr.	VELTES. Prix. fr. c.	PINTES. Prix. fr. c.
1,	74,	5,62.40	0,70.30
2,	148,	11,24.80	1,40.60
3,	222,	16,87.20	2,10.90
4,	296,	22,49.60	2,81.20
5,	370,	28,12.00	3,51.50
6,	444,	33,74.40	4,21.80
7,	518,	39,36.80	4,92.10
8,	592,	44,99.20	5,62.40
9,	666,	50,61.60	6,32.70
10,	740,	56,24.00	7,03.00
100,	7.400,	562,40.00	70,30.00
0,10. litres	7,40. ½ V.	2,81.20	½ P. 0,35.15.00
0,01. litre	0,74. ¼ V.	1,40.60	¼ P. 0,17.57.50

TABLE 38ᵉ.

A 75,00. l'hectolitre, la barrique vaut....153,90.00

Quantité.	HECTOLITRES. Prix. fr.	VELTES. Prix. fr. c.	PINTES. Prix. fr. c.
1.	75,	5,70.00	0,71.25
2,	150,	11,40.00	1,42.50
3,	225,	17,10.00	2,13.75
4,	300,	22,80.00	2,85.00
5,	375,	28,50.00	3,56.25
6,	450,	34,20.00	4,27.50
7,	525,	39,90.00	4,98.75
8,	600,	45,60.00	5,70.00
9,	675,	51,30.00	6,41.25
10,	750,	57,00.00	7,12.50
100,	7.500,	570,00.00	71,25.00
0,10. litres	7,50. ½ V.	2,85.00	½ P. 0,35.62.50
0,01. litre	0,75. ¼ V.	1,42.50	¼ P. 0,17.81.25

TABLE 39ᶜ.

A 76,00. l'hectolitre, la barrique vaut.....155,95.20

Quantité.	HECTOLITRES. Prix. fr.	VELTES. Prix. fr. c.		PINTES. Prix. fr. c.
1,	76,	5,77.60		0,72.20
2,	152,	11,55.20		1,44.40
3,	228,	17,32.80		2,16.60
4,	304,	23,10.40		2,88.80
5,	380,	28,88.00		3,61.00
6,	456,	34,65.60		4,33.20
7,	532,	40,43.20		5,05.40
8,	608,	46,20.80		5,77.60
9,	684,	51,98.40		6,49.80
10,	760,	57,76.00		7,22.00
100,	7.600,	577,60.00		72,20.00
0,10. litres	7,60.¹/₂V.	2,88.80	¹/₂P.	0,36.10
0,01. litre	0,76.¹/₄V.	1,44.40	¹/₄P.	0,18.05

TABLE 40ᶜ.

A 77,00. l'hectolitre, la barrique vaut.....158,00.40

Quantité.	HECTOLITRES. Prix. fr.	VELTES. Prix. fr. c.		PINTES. Prix. fr. c.
1,	77,	5,85.20		0,73.15
2,	154,	11,70.40		1,46.30
3,	231,	17,55.60		2,19.45
4,	308,	23,40.80		2,92.60
5,	385,	29,26.00		3,65.75
6,	462,	35,11.20		4,38.90
7,	539,	40,96.40		5,12.05
8,	616,	46,81.60		5,85.20
9,	693,	52,66.80		6,58.35
10,	770,	58,52.00		7,31.50
100,	7.700,	585,20.00		73,15.00
0,10. litres	7,70.¹/₂V.	2,92.60	¹/₂P.	0,36.57.50
0,01. litre	0,70.¹/₄V.	1,46.30	¹/₄P.	0,18.28.75

TABLE 41e.

A 78,00. l'hectolitre, la barrique vaut.....160,05.60

HECTOLITRES.		VELTES.	PINTES.
Quantité.	Prix. fr.	x. fr. c.	Prix. fr. c.
1,	78,	5,92.80	0,74.10
2,	156,	11,85.60	1,48.20
3,	234,	17,78.40	2,22.30
4,	312,	23,71.20	2,96.40
5,	390,	29,64.00	3,70.50
6,	468,	35,56.80	4,44.60
7,	546,	41,49.60	5,18.70
8,	624,	47,42.40	5,92.80
9,	702,	53,35.20	6,66.90
10,	780,	59,28.00	7,41.00
100,	7.800,	592,80.00	74,10.00
0,10. litres	7,80. ¹/₂V.	2,96.40	¹/₂P. 0,37.05.00
0,01. litre	0,78. ¹/₄V.	1,48.20	¹/₄P. 0,18.52.50

TABLE 42e.

A 79,00. l'hectolitre, la barrique vaut.....162,10.80

HECTOLITRES.		VELTES.	PINTES.
Quantité.	Prix. fr.	Prix. fr. c.	Prix. fr. c.
1,	79,	6,00.40	0,75.05
2,	158,	12,00.80	1,50.10
3,	237,	18,01.20	2,25.15
4,	316,	24,01.60	3,00.20
5,	395,	30,02.00	3,75.25
6,	474,	36,02.40	4,50.30
7,	553,	42,02.80	5,25.35
8,	632,	48,03.20	6,00.40
9,	711,	54,03.60	6,75.45
10,	790,	60,04.00	7,50.50
100,	7.900,	600,40.00	75,05.00
0,10. litres	7,90. ¹/₂V.	3,00.20	¹/₂P. 0,37.52.50
0,01. litre	0,79. ¹/₄V.	1,50.10	¹/₄P. 0,18.76.25

TABLE 43ᵉ.

A 80,00. l'hectolitre, la barrique vaut....164,16,00

HECTOLITRES.		VELTES.		PINTES.	
Quantité.	prix. fr.	Prix. fr. c.		Prix. fr. c.	
1,	80,	6,08.00		0,76.00	
2,	160,	12,16.00		1,52.00	
3,	240,	18,24.00		2,28.00	
4,	320,	24,32.00		3,04.00	
5,	400,	30,40.00		3,80.00	
6,	480,	36,48.00		4,56.00	
7,	560,	42,56.00		5,32.00	
8,	640,	48,64.00		6,08.00	
9,	720,	54,72.00		6,84.00	
10,	800,	60,80.00		7,60.00	
100,	8.000,	608,00.00		76,00.00	
0,10. litres	8,00. $^1/_2$V.	3,04.00	$^1/_2$P.	0,38.00	
0,01. litre	0,80. $^1/_4$V.	1,52.00	$^1/_4$P.	0,19.00	

TABLE 44ᵉ.

A 81,00. l'hectolitre, la barrique vaut....166,21.20

HECTOLITRES.		VELTES.		PINTES.	
Quantité.	Prix. fr,	Prix. fr. c.		Prix. fr. c.	
1,	81,	6,15.60		0,76.95	
2,	162,	12,31.20		1,53.90	
3,	243,	18,46.80		2,30.85	
4,	324,	24,62.40		3,07.80	
5,	405,	30,78.00		3,84.75	
6,	486,	36,93.60		4,61.70	
7,	567,	43,09.20		5,38.65	
8,	648,	49,24.80		6,15.60	
9,	729,	55,40.40		6,92.55	
10,	810,	61,56.00		7,69.50	
100,	8.100,	615,60.00		76,95.00	
0,10. litres	8,10. $^1/_2$V.	3,07.80	$^1/_2$P.	0,38.47,50	
0,01. litre	0,81. $^1/_4$V.	1,53.90	$^1/_4$P.	0,19.23.75	

TABLE 45ᵉ.

A 82,00. l'hectolitre, la barrique vaut....168,26.40

Quantité.	HECTOLITRES. Prix. fr.	VELTES. Prix. fr. c.	PINTES. Prix. fr. c.
1,	82,	6,23.20	0,77.90
2,	164,	12,46.40	1,55.80
3,	246,	18,69.60	2,33.70
4,	328,	24,92.80	3,11.60
5,	410,	31,16.00	3,89.50
6,	492,	37,39.20	4,67.40
7,	574,	43,62.40	5,45.30
8,	656,	49,85.60	6,23.20
9,	738,	56,08.80	7,01.10
10,	820,	62,32.00	7,79.00
100,	8.200,	623,20.00	77,90.00
0,10. litres	8,20. $^1/_2$V.	3,11.60	$^1/_2$P. 0,38.95.00
0,01. litre	0,82. $^1/_4$V.	1,55.80	$^1/_4$P. 0,19.47.50

TABLE 46ᵉ.

A 83,00. l'hectolitre, la barrique vaut...170,31.60

Quantité.	HECTOLITRES. Prix. fr.	VELTES. Prix. fr. c.	PINTES. Prix. fr. c.
1,	83,	6,30.80	0,78.85
2,	166,	12,61.60	1,57.70
3,	249,	18,92.40	2,36.55
4,	332,	25,23.20	3,15.40
5,	415,	31,54.00	3,94.25
6,	498,	37,84.80	4,73.10
7,	581,	44,15.60	5,51.95
8,	664,	50,46.40	6,30.80
9,	747,	56,77.20	7,09.65
10,	830,	63,08.00	7,88.50
100,	8.300,	630,80.00	78,85.00
0,10. litres	8,30. $^1/_2$V.	3,15.40	$^1/_2$P. 0,39.42.50
0,01. litre	0,83. $^1/_4$V.	1,57.70	$^1/_4$P. 0,19.71.25

TABLE 47ᵉ.

A 84,00. l'hectolitre, la barrique vaut...172,36.80

Quantité.	HECTOLITRES. Prix. fr.	VELTES. Prix. fr. c.	PINTES. Prix. fr. c.
1,	84,	6,38.40	0,79.80
2,	168,	12,76.80	1,59.60
3,	252,	19,15.20	2,39.40
4,	336,	25,53.60	3,19.20
5,	420,	31,92.00	3,99.00
6,	504,	38,30.40	4,78.80
7,	588,	44,68.80	5,58.60
8,	672,	51,07.20	6,38.40
9,	756,	57,45.60	7,18.20
10,	840,	63,84.00	7,98.00
100,	8.400,	638,40.00	79,80.00
0,10. litres	8,40. ¹/₂V.	3,19.20 ¹/₂P.	0,39 90
0,01. litre	0,84. ¹/₄V.	1,59.60 ¹/₄P.	0,19.95

TABLE 48ᵉ.

A 85,00. l'hectolitre, la barrique vaut.... 174,42.00

Quantité.	HECTOLITRES. Prix. fr.	VELTES. Prix. fr. c.	PINTES. Pr. fr. c.
1,	85,	6,46.00	0,80.75
2,	170,	12,92.00	1,61.50
3,	255,	19,38.00	2,42.25
4,	340,	25,84.00	3,23.00
5,	425,	32,30.00	4,03.75
6,	510,	38,76.00	4,84.50
7,	595,	45,22.00	5,65.25
8,	680,	51,68.00	6,46.00
9,	765,	58,14.00	7,26.75
10,	850,	64,60.00	8,07.50
100,	8.500,	646,00.00	80,75.00
0,10. litres	8,50. ¹/₂V.	3,23.00 ¹/₂P.	0,40.37.50
[0,01. litre	0,85. ¹/₄V.	1,61.50 ¹/₄P.	0,20.18.75

TABLE 49e.

 fr. c.   fr. c.

A 86,00. l'hectolitre, la barrique vaut...176,47.20

	HECTOLITRES.	VELTES.	PINTES.
Quantité.	Prix. fr.	Prix. fr. c.	Prix. fr. c.
1,	86,	6,53.60	0,81.70
2,	172,	13,07.20	1,63.40
3,	258,	19,60.80	2,45.10
4,	344,	26,14.40	3,26.80
5,	430,	32,68.00	4,08.50
6,	516,	39,21.60	4,90.20
7,	602,	45,75.20	5,71.90
8,	688,	52,28.80	6,53.60
9,	774,	58,82.40	7,35.30
10,	860,	65,36.00	8,17.00
100,	8.600,	653,60.00	81,70.00
0,10. litres	8,60. ½ V.	3,26.80	½ P. 0,40.85.00
0,01. litre	0,86. ¼ V.	1,63.40	¼ P. 0,20.42.50

TABLE 50e.

 fr. c.   fr. c.

A 87,00. l'hectolitre, la barrique vaut...178,52.40

	HECTOLITRES.	VELTES.	PINTES.
Quantité.	Prix. fr.	Prix. fr. c.	Prix. fr. c.
1,	87,	6,61.20	0,82.65
2,	174,	13,22.40	1,65.30
3,	261,	19,83.60	2,47.95
4,	348,	26,44.80	3,30.60
5,	435,	33,06.00	4,13.25
6,	522,	39,67.20	4,95.90
7,	609,	46,28.40	5,78.55
8,	696,	52,89.60	6,61.20
9,	783,	59,50.80	7,43.85
10,	870,	66,12.00	8,26.50
100,	8.700,	661,20.00	82,65.00
0,10. litres	8,70. ½ V.	3,30.60	½ P. 0,41.32.50
0,01. litre	0,87. ¼ V.	1,65.30	¼ P. 0,20.66.25

TABLE 51e.

À 88,00. l'hectolitre, la barrique vaut....180,55.60

Quantité.	HECTOLITRES. Prix. fr.	VELTES. Prix. fr. c.	PINTES. Prix. fr. c.
1,	88,	6,68.80	0,83.60
2,	176,	13,37.60	1,67.20
3,	264,	20,06.40	2,50.80
4,	352,	26,75.20	3,34.40
5,	440,	33,44.00	4,18.00
6,	528,	40,12.80	5,01.60
7,	616,	46,81.60	5,85.20
8,	704,	53,50.40	6,68.80
9,	792,	60,19.20	7,52.40
10,	880,	66,88.00	8,36.00
100,	8.800,	668,80.00	83,60.00
0,10. litres	8,80. ½ V.	3,34.40	½ P. 0,41.80
0,01. litre	0,80. ¼ V.	1,67.20	¼ P. 0,20.90

TABLE 52e.

À 89,00. l'hectolitre, la barrique vaut....182,62.80

Quantité.	HECTOLITRES. Prix. fr.	VELTES. Prix. fr. c.	PINTES. Prix. fr. c.
1,	89,	6,76.40	0,84.55
2,	178,	13,52.80	1,69.10
3,	267,	20,29.20	2,53.65
4,	356,	27,05.60	3,38.20
5,	445,	33,82.00	4,22.75
6,	534,	40,58.40	5,07.30
7,	623,	47,34.80	5,91.85
8,	712,	54,11.20	6,76.40
9,	801,	60,87.60	7,60.95
10,	890,	67,64.00	8,45.50
100,	8.900,	676,40.00	84,55.00
0,10. litres	8,90. ½ V.	3,38.20	½ P. 0,42.27.50
0,01. litre	0,89. ¼ V.	1,69.10	¼ P. 0,21.13.75

TABLE 53e.

fr.   c.   fr.   c.
A 90,00. l'hectolitre, la barrique vaut....184,68.00

Quantité.	Prix. fr.	Prix. fr. c.	Prix. fr. c.
	HECTOLITRES.	VELTES.	PINTES.
1,	90,	6,84.00	0,85.50
2,	180,	13,68.00	1,71.00
3,	270,	20,52.00	2,56.50
4,	360,	27,36.00	3,42.00
5,	450,	34,20.00	4,27.50
6,	540,	41,04.00	5,13.00
7,	630,	47,88.00	5,98.50
8,	720,	54,72.00	6,84.00
9,	810,	61,56.00	7,69.50
10,	900,	68,40.00	8,55.00
100,	9.000,	684,00.00	85,50.00
0,10. litres	9,00. ½ V.	3,42.00	½ P. 0,42.75.00
0,01. litre	0,90. ¼ V.	1,71.00	¼ P. 0,21.37.50

TABLE 54e.

fr.   c.   fr.   c.
A 91,00. l'hectolitre, la barrique vaut....186,73.20

Quantité.	Prix. fr.	Prix. fr. c.	Prix. fr. c.
	HECTOLITRES.	VELTES.	PINTES.
1,	91,	6,91.60	0,86.45
2,	182,	13,83.20	1,72.90
3,	273,	20,74.80	2,59.35
4,	364,	27,66.40	3,45.80
5,	455,	34,58.00	4,32.25
6,	546,	41,49.60	5,18.70
7,	637,	48,41.20	6,05.15
8,	728,	55,32.80	6,91.60
9,	819,	62,24.40	7,78.05
10,	910,	69,16.00	8,64.50
100,	9.100,	691,60.00	86,45.00
0,10. litres	9,10. ½ V.	3,45.80	½ P. 0,43.22.50
0,01. litre	0,91. ¼ V.	1,72.90	¼ P. 0,21.61.25

TABLE 55e.

A 92,00. l'hectolitre, la barrique vaut...188,78.40

HECTOLITRES.		VELTES.	PINTES.
Quantité.	Prix. fr.	Prix. fr. c.	Prix. fr. c.
1,	92,	6,99.20	0 87.40
2,	184,	13,98.40	1,74.80
3,	276,	20,97.60	2,62.20
4,	368,	27,96.80	3,49.60
5,	460,	34,96.00	4,37.00
6,	552,	41,95.20	5,24.40
7,	644,	48,94.40	6,11.80
8,	736,	55,93.60	6,99.20
9,	828,	62,92.80	7,86.60
10,	920,	69,92.00	8,74.00
100,	9.200,	699,20.00	87,40.00
0,10. litres	9,20. ½ V.	3,49.60	½ P. 0,43.70
0,01. litre	0,92. ¼ V.	1,74.80	¼ P. 0,21.85

TABLE 56e.

A 93,00. l'hectolitre, la barrique vaut...190,83.60

HECTOLITRES.		VELTES.	PINTES.
Quantité.	Prix. fr.	Prix. fr. c.	Prix. fr. c.
1,	93,	7,06.80	0,88.35
2,	186,	14,13.60	1,76.70
3,	279,	21,20.40	2,65.05
4,	372,	28,27.20	3,53.40
5,	465,	35,34.00	4,41.75
6,	558,	42,40.80	5,30.10
7,	651,	49,47.60	6,18.45
8,	744,	56,54.40	7,06.80
9,	837,	63,61.20	7,95.15
10,	930,	70,68.00	8,83.50
100,	9.300,	706,80.00	88,35 00
0,10. litres	9,30. ½ V.	3,53.40	½ P. 0,44.17.50
0,01. litre	0,93. ¼ V.	1,76.70	¼ P. 0,22.08.75

TABLE 57ᵉ.

A 94,00. l'hectolitre, la barrique vaut... 192,88.80

Quantité.	HECTOLITRES. Prix. fr.	VELTES. Prix. fr. c.	PINTES. Prix. fr. c.
1,	94,	7,14.40	0,89.30
2,	188,	14,28.80	1,78.60
3,	282,	21,43.20	2,67.90
4,	376,	28,57.60	3,57.20
5,	470,	35,72.00	4,46.50
6,	564,	42,86.40	5,35.80
7,	658,	50,00.80	6,25.10
8,	752,	57,15.20	7,14.40
9,	846,	64,29.60	8,03.70
10,	940,	71,44.00	8,93.00
100,	9.400,	714,40.00	89,30.00
0,10. litres	9,40. ½V.	3,57.20	½P. 0,44.65.00
0,01. litre	0,94. ¼V.	1,78.60	¼P. 0,22.32.50

TABLE 58ᵉ.

A 95,00. l'hectolitre, la barrique vaut... 194,94.00

Quantité.	HECTOLITRES. Prix. fr.	VELTES. Prix. fr. c.	PINTES. Prix. fr. c.
1,	95,	7,22.00	0,90.25
2,	190,	14,44.00	1,80.50
3,	285,	21,66.00	2,70.75
4,	380,	28,88.00	3,61.00
5,	475,	36,10.00	4,51.25
6,	570,	43,32.00	5,41.50
7,	665,	50,54.00	6,31.75
8,	760,	57,76.00	7,22.00
9,	855,	64,98.00	8,12.25
10,	950,	72,20.00	9,02.50
100,	9.500,	722,00.00	90,25.00
0,10. litres	9,50. ½V.	3,61.00	½P. 0,45.12.50
0,01. litre	0,95. ¼V.	1,80.50	¼P. 0,22.56.25

TABLE 59°.

A 96,00. l'hectolitre, la barrique vaut...196,99.20

Quantité.	HECTOLITRES. Prix. fr.	VELTES. Prix. fr. c.		PINTES. Prix. fr. c.
1,	96,	7,29.60		0,91.20
2,	192,	14,59.20		1,82.40
3,	288,	21,88.80		2,73.60
4,	384,	29,18.40		3,64.80
5,	480,	36,48.00		4,56.00
6,	576,	43,77.60		5,47.20
7,	672,	51,07.20		6,38.40
8,	768,	58,36.80		7,29.60
9,	864,	65,66.40		8,20.80
10,	960,	72,96.00		9,12.00
100,	9.600,	729,60.00		91,20.00
0,10.litres	9,60.	½V. 3,64.80	½P.	0,45.60
0,01.litre	0,96.	¼V. 1,82.40	¼P.	0,22.80

TABLE 60°.

A 97,00. l'hectolitre, la barrique vaut...199,04.40

Quantité.	HECTOLITRES. Prix. fr.	VELTES. Prix. fr. c.		PINTES. Prix. fr. c.
1,	97,	7,37.20		0,92.15
2,	194,	14,74.40		1,84.30
3,	291,	22,11.60		2,76.45
4,	388,	29,48.80		3,68.60
5,	485,	36,86.00		4,60.75
6,	582,	44,23.20		5,52.90
7,	679,	51,60.40		6,45.05
8,	776,	58,97.60		7,37.20
9,	873,	66,34.80		8,29.35
10,	970,	73,72.00		9,21.50
100,	9.700,	737,20.00		92,15.00
0,10.litres	9,70.	½V. 3,68.60	½P.	0,46.07.50
0,01.litre	0,97.	¼V. 1,84.30	¼P.	0,23.03.75

TABLE 61e.

fr. c.   fr. c.
A 98,00. l'hectolitre, la barrique vaut...201,09.60

	HECTOLITRES.	VELTES.		PINTES.
Quantité.	Prix. fr.	Prix. fr. c.		Prix. fr. c.
1,	98,	7,44.80		0,93.10
2,	196,	14,89.60		1,86.20
3,	294,	22,34.40		2,79.30
4,	392,	29,79.20		3,72.40
5,	490,	37,24.00		4,65.50
6,	588,	44,68.80		5,58.60
7,	686,	52,13.60		6,51.70
8,	784,	59,58.40		7,44.80
9,	882,	67,03.20		8,37.90
10,	980,	74,48.00		9,31.00
100,	9.800,	744,80.00		93,10.00
0,10. litres	9,80.	½ V.	3,72.40	½ P.	0,46.50
0,01. litre	0,98.	¼ V.	1,86.20	¼ P.	0,23.25

TABLE 62e.

fr. c.   fr. c.
A 99,00. l'hectolitre, la barrique vaut...203,14.80

	HECTOLITRES.	VELTES.		PINTES.
Quantité.	Prix. fr.	Prix. fr. c.		Prix. fr. c.
1,	99,	7,52.40		0,94.05
2,	198,	15,04.80		1,88.10
3,	297,	22,57.20		2.82.15
4,	396,	30,09.60		3,76.20
5,	495,	37,62.00		4,70.25
6,	594,	45,14.40		5,64.30
7,	693,	52,66.80		6,58.35
8,	792,	60,19.20		7,52.40
9,	891,	67,71.60		8,46.45
10,	990,	75,24.00		8,40.50
100,	9.900,	752,40.00		94,05.00
0,10. litres	9,90	½ V.	3,76.20	½ P.	0,47.02.50
0,01. litre	0,99.	¼ V.	1,88.10	¼ P.	0,23.51.25

TABLE 63ᵉ.

fr.   c.   fr.   c.
A 100,00. l'hectolitre, la barrique vaut....205,20.00

HECTOLITRES.		VELTES,		PINTES.	
Quantité.	Prix.fr.	Prix. fr. c.		Prix. fr. c.	
1,	100,	7,60.00		0,95.00	
2,	200,	15,20.00		1,90.00	
3,	300,	22,80.00		2,85.00	
4,	400,	30,40.00		3,80.00	
5,	500,	38,00.00		4,75.00	
6,	600,	45,60.00		5,70.00	
7,	700,	53,20.00		6,65.00	
8,	800,	60,80.00		7,60.00	
9,	900,	68,40.00		8,55.00	
10,	1.000,	76,00.00		9,50.00	
100,	10.000,	760,00.00		95,00.00	

0,10. litres 10,00. ½ V.   3,80.00   ½ P.   0,47.50
0,01. litre   1,00. ¼ V.   1,90.00   ¼ P.   0,23.75

TABLE 64ᵉ.

fr.   c.   fr.   c.
A 101,00. l'hectolitre, la barrique vaut....207,25.20

HECTOLITRES.		VELTES.		PINTES.	
Quantité.	Prix.fr.	Prix. fr. c.		Prix. fr. c.	
1,	101,	7,67.60		0,95.95	
2,	202,	15,35.20		1,91.90	
3,	303,	23,02.80		2,87.85	
4,	404,	30,70.40		3,83.80	
5,	505,	38,38.00		4,79.75	
6,	606,	46,05.60		5,75.70	
7,	707,	53,73.20		6,71.65	
8,	808,	61,40.80		7,67.60	
9,	909,	69,08.40		8,63.55	
10,	1.010,	76,76.00		9,59.50	
100,	10.100,	767,60.00		95,95.00	

0,10. litres 10,10. ½ V.   3,83.80   ½ P. 0,47.87.50
0,01. litre   1,01. ¼ V.   1,91.90   ¼ P. 0,23.93.75

3.

TABLE 65ᵉ.

fr.   c.   fr.   c.
A 102,00. l'hectolitre, la barrique vaut... 209,30.40

Quantité.	HECTOLITRES. Prix.fr	VELTES. Prix.fr. c.	PINTES. Prix. fr. c.
1,	102,	7,75.20	0,96.90
2,	204,	15,50.40	1,93.80
3,	306,	23,25.60	2,90.70
4,	408,	31,00.80	3,87.60
5,	510,	38,76.00	4,84.50
6,	612,	46,51.20	5,81.40
7,	714,	54,26.40	6,78.30
8,	816,	62,01.60	7,75.20
9,	918,	69,76.80	8,72.10
10,	1.020,	77,52.00	9,69.00
100,	10.200,	775,20.00	96,90.00
0,10. litres	10,20. ½V.	3,87.60	½P. 0,48,45.00
0,01. litre	1,02. ¼V.	1,93.80	¼P. 0,24,22.50

TABLE 66ᵉ.

fr.   c.   fr.   c.
A 103,00. l'hectolitre, la barrique vaut.... 211,35.60

Quantité.	HECTOLITRES. Prix.fr	VELTES. Prix.fr. c.	PINTES. Prix. fr. c.
1,	103,	7,82.80	0,97.85
2,	206,	15,65.60	1,95.70
3,	309,	23,48.40	2,93.55
4,	412,	31,31.20	3,91.40
5,	515,	39,14.00	4,89 25
6,	618,	46,96.80	5,87.10
7,	721,	54,79.60	6,84.95
8,	824,	62,62.40	7,82.80
9,	927,	70,45.20	8,80.65
10,	1.030,	78,28.00	9,78.50
100,	10.300,	782,80.00	97,85.00
0,10. litres	10,30. ½V.	3,91.40	½P. 0,48,92.50
0,01. litre	1,03. ¼V.	1,95.70	¼P. 0,24,46.25

TABLE 67e.

fr. c.   fr. c.

A 104,00. l'hectolitre, la barrique vaut...213,40.80

	HECTOLITRES.	VELTES.		PINTES.
Quantité.	Prix. fr.	Prix. fr. c.		Prix. fr. c.
1,	104,	7,90.40		0,98.80
2,	208,	15,80.80		1,97.60
3,	312,	23,71.20		2,96.40
4,	416,	31,61.60		3,95.20
5,	520,	39,52.00		4,94.00
6.	624,	47,42.40		5,92.80
7,	728,	55,32.80		6,91.60
8,	832,	63,23.20		7,90.40
9,	936,	71,13.60		8,89.20
10,	1.040,	79,04.00		9,88.00
100,	10.400,	790,40.00		98,80.00
0,10.litres	10,40.	½ V. 3,95.20	½ P.	0,49.40
0,01.litre	1,04.	¼ V. 1,97.60	¼ P.	0,24.70

TABLE 68e.

fr. c.   fr. c.

A 105,00. l'hectolitre, la barrique vaut....215,46.00

	HECTOLITRES.	VELTES.		PINTES.
Quantité.	Prix. fr.	Prix. fr. c.		Prix. fr. c.
1,	105,	7,98.00		0,99.75
2,	210,	15,96.00		1,99.50
3,	315,	23,94.00		2,99.25
4,	420,	31,92.00		3,99.00
5,	525,	39,90.00		4,98.75
6,	630,	47,88.00		5,98.50
7,	735,	55,86.00		6,98.25
8,	840,	63,84.00		7,98.00
9,	945,	71,62.00		8,97.75
10,	1.050,	79,80.00		9,97.50
100,	10.500,	798,00.00		99,75.00
0,10.litres	10,50.	½ V. 3,99.00	½ P.	0,49.87.50
0,01.litre	1,05.	¼ V. 1,99.50	¼ P.	0,24.93.75

TABLE 69e.

A 106,00. l'hectolitre, la barrique vaut....217,51.20

Quantité.	HECTOLITRES. Prix. fr.	VELTES. Prix. fr. c.	PINTES. Prix. fr. c.
1,	106,	8,05.60	1,00.70
2,	212,	16,11.20	2,01.40
3,	318,	24,16.80	3,02.10
4,	424,	32,22.40	4,02.80
5,	530,	40,28.00	5,03.50
6,	636,	48,33.60	6,04.20
7,	742,	56,39.20	7,04.90
8,	848,	64,44.80	8,05.60
9,	954,	72,50.40	9,06.30
10,	1.060,	80,56.00	10,07.00
100,	10.600,	805,60.00	100,70.00
0,10. litres 10,60. ½ V.		4,02.80	½ P. 0,50.35.00
0,01. litre 1,06. ¼ V.		2,01.40	¼ P. 0,25.17.50

TABLE 70e.

A 107,00. l'hectolitre, la barrique vaut....219,56.40

Quantité.	HECTOLITRES. Prix. fr.	VELTES. Prix. fr. c.	PINTES. Prix. fr. c.
1,	107,	8,13.20	1,01.65
2,	214,	16,26.40	2,03.30
3,	321,	24,39.60	3,04.95
4,	428,	32,52 80	4,06 60
5,	535,	40,66.00	5,08.25
6,	642,	48,79.20	6,09.90
7,	749,	56,92.40	7,11.55
8,	856,	65,05.60	8,13.20
9,	963,	73,18.80	9,14.85
10,	1.070,	81,32.00	10,16.50
100,	10.700,	813,20.00	101,65.00
0,10. litres 10,70. ¹/₂V.		4,06 60	¹/₂P. 0,50.82.50
0,01. litre 1,07. ¹/₄V.		2,03.30	¹/₄P. 0,25.41.25

TABLE 71e.

A 108,00. l'hectolitre, la barrique vaut....221,61.60

HECTOLITRES.		VELTES.	PINTES.
Quantité.	Prix. fr.	Prix. fr. c.	Prix. fr. c.
1,	108,	8,20.80	1,02.60
2,	216,	16,41.60	2,05.20
3,	324,	24,62.40	3,07.80
4,	432,	32,83.20	4,10.40
5,	540,	41,04.00	5,13.00
6,	648,	49,24.80	6,15.60
7,	756,	57,45.60	7,18.20
8,	864,	65,66.40	8,20.80
9,	972,	73,87.20	9,23.40
10,	1.080,	82,08.00	10,26.00
100,	10.800,	820,80.00	102,60.00
0,10. litres 10,80.	½ V.	4,10.40	½ P. 0,51.30.00
0,01. litre 1,08.	¼ V.	2.05.20	¼ P. 0,25.65.00

TABLE 72e.

A 109,00. l'hectolitre, la barrique vaut....223,66.80

HECTOLITRES.		VELTES.	PINTES.
Quantité.	Prix. fr.	Prix. fr. c.	Prix. fr. c.
1,	109,	8,28.40	1,03.55
2,	218,	16,56.80	2,07.10
3,	327,	24,85.20	3,10.65
4,	436,	33,13.60	4,14.20
5,	545,	41,42.00	5,17.75
6,	654,	49,70.40	6,21.30
7,	763,	57,98.80	7,24.85
8,	872,	66,27.20	8,28.40
9,	981,	74,55.60	9,31.95
10,	1.090,	82,84.00	10,35.50
100,	10.900,	828,40.00	103,55.00
0,10. litres 10,90.	½ V.	4,14.20	½ P. 0,51.77.50
0,01. litre 1,09.	¼ V.	2,07.10	¼ P. 0,25.88.75

 COMPARAISON DES PRIX.

TABLE 73e.

fr. c.
A 110,00. l'hectolitre, la barrique vaut. . . .225,72.00 fr. c.

	HECTOLITRES.	VELTES.	PINTES.
Quantité.	Prix. fr.	Prix. fr. c.	Prix. fr. c.
1,	110,	8,36.00	1,04.50
2,	220,	16,72.00	2,09.00
3,	330,	25,08.00	3,13.50
4,	440,	33,44.00	4,18.00
5,	550,	41,80.00	5,22.50
6,	660,	50,16.00	6,27.00
7,	770,	58,52.00	7,31.50
8,	880,	66,88.00	8,36.00
9,	990,	75,24.00	9,40.50
10,	1.100,	83,60.00	10,45.00
100,	11.000,	836,00.00	104,50.00
0,10. litres 11,00. ½ V.		4,18.00	½ P. 0,52.25.00
0,01. litre 1,10. ¼ V.		2,09.00	¼ P. 0,26.12.50

TABLE 74e.

fr. c.
A 111,00. l'hectolitre, la barrique vaut. . . .227,77.20 fr. c.

	HECTOLITRES.	VELTES.	PINTES.
Quantité.	Prix. fr.	Prix. fr. c.	Prix. fr. c.
1,	111,	8,43.60	1,05.45
2,	222,	16,87.20	2,10 90
3,	333,	25,30.80	3,16.35
4,	444,	33,74.40	4,21.80
5,	555,	42,18.00	5,27.25
6,	666,	50,61.60	6,32.70
7,	777,	59,05.20	7,38.15
8,	888,	67,48.80	8,43.60
9,	999,	75,92.40	9,49.05
10,	1.110,	84,36.00	10,54.50
100,	11.100,	843,60.00	105,45.00
0,10. litres 11,10. ½ V.		4,21.80	½ P. 0,52.72.50
0,01. litre 1,11. ¼ V.		2,10.90	¼ P. 0,26.36.25

TABLE 75°.

fr.   c.   fr.   c.
A 112,00. l'hectolitre, la barrique vaut.... 229,82.40

HECTOLITRES.		VELTES.	PINTES.
Quantité.	Prix. fr.	Prix. fr. c.	Prix. fr. c.
1,	112,	8,51.20	1,06.40
2,	224,	17,02.40	2,12.80
3,	336,	25,53.60	3,19.20
4,	448,	34,04.80	4,25.60
5,	560,	42,56.00	5,32.00
6,	672,	51,07.20	6,38.40
7,	784,	59,58.40	7,44.80
8,	896,	68,09.60	8,51.20
9,	1.008,	76,60.80	9,57.60
10,	1.120,	85,12.00	10,64.00
100,	11.200,	851,20.00	106,40.00
0,10. litres 11,20. ½V.		4,25.60 ½P.	0,53.20
0,01. litre 1,12. ¼V.		2,12.80 ¼P.	0,26.60

TABLE 76°.

fr.   c.   fr.   c.
A 113,00. l'hectolitre, la barrique vaut... 231,87.60

HECTOLITRES.		VELTES.	PINTES.
Quantité.	Prix. fr.	Prix. fr. c.	Prix. fr. c.
1,	113,	8,58.80	1,07.35
2,	226,	17,17.60	2,14.70
3,	339,	25,76.40	3,22.05
4,	452,	34,35.20	4,29.40
5,	565,	42,94.00	5,36.75
6,	678,	51,52.80	6,44.10
7,	791,	50,11.60	7,51.45
8,	904,	68,70.40	8,58.80
9,	1.017,	77,29.20	9,66.15
10,	1.130,	85,88.00	10,73.50
100,	11.300,	858,80.00	107,35.00
0,10. litres 11,30. ½V.		4,29.40 ½P.	0,53.67.50
0,01. litre 1,13. ¼V.		2,14.70 ¼P.	0,26.83.75

TABLE 77ᵉ.

A 114,00. l'hectolitre, la barrique vaut....233,92.80

	HECTOLITRES.	VELTES.	PINTES.
Quantité.	Prix. fr.	Prix. fr. c.	Prix. fr. c.
1,	114,	8,66.40	1,08.30
2,	228,	17,32.80	2,16.60
3,	342,	25,99.20	3,24.90
4,	456,	34,65.60	4,33.20
5,	570,	43,32.00	5,41.50
6,	684,	51,98.40	6,49.80
7,	798,	60,64.80	7,58.10
8,	912,	69,31.20	8,66.40
9,	1.026,	77,97.60	9,74.70
10,	1.140,	86,64.00	10,83.00
100,	11.400,	866,40.00	108,30.00
0,10. litres	11,40. ½ V.	4,33.20	½ P. 0,54.15.00
0,01. litre	1,14. ¼ V.	2,16.60	¼ P. 0,27.07.50

TABLE 78ᵉ.

A 115,00. l'hectolitre, la barrique vaut....235,98.00

	HECTOLITRES.	VELTES.	PINTES.
Quantité.	Prix. fr.	Prix. fr. c.	Prix. fr. c.
1,	115,	8,74.00	1,09.25
2,	230,	17,48.00	2,18.50
3,	345,	26,22.00	3,27.75
4,	460,	34,96.00	4,37.00
5,	575,	43,70.00	5,46.25
6,	690,	52,44.00	6,55.50
7,	805,	61,18.00	7,64.75
8,	920,	69,92.00	8,74.00
9,	1.035,	78,66.00	9,83.25
10,	1.150,	87,40.00	10,92.50
100,	11.500,	874,00.00	109,25.00
0,10. litres	11,50. ½ V.	4,37.00	½ P. 0,54.62.50
0,01. litre	1,15. ¼ V.	2,18.50	¼ P. 0,27.31.25

TABLE 79ᵉ.

fr. c.   fr.   c.
A 116,00. l'hectolitre, la barrique vaut.....238,03.20

HECTOLITRES.		VELTES.	PINTES.
Quantité.	Prix. fr.	Prix. fr. c.	Prix. fr. c.
1,	116,	8,81.60	1,10.20
2,	232,	17,63.20	2,20.40
3,	348,	26,44.80	3,30.60
4,	464,	35,26.40	4,40.80
5,	580,	44,08.00	5,51.00
6,	696,	52,89.60	6,61.20
7,	812,	61,71.20	7,71.40
8,	928,	70,52.80	8,81.60
9,	1.044,	79,34.40	9,91.80
10,	1.160,	88,16.00	11,02.00
100,	11.600,	881,60.00	110,20.00
0,10. litres 11,60.	¹/₂V.	4,40.80	¹/₂P. 0,55.10
0,01. litre 1,16.	¹/₄V.	2,20.40	¹/₄P. 0,27.55

TABLE 80ᵉ.

fr. c.   fr.   c.
A 177,00. l'hectolitre, la barrique vaut.....240,08.40

HECTOLITRES.		VELTES.	PINTES.
Quantité.	Prix. fr.	Prix. fr. c.	Prix. fr. c.
1,	117,	8,89.20	1,11.15
2,	234,	17,78.40	2,22.30
3,	351,	26,67.60	3,33.45
4,	468,	35,56.80	4,44.60
5,	585,	44,46.00	5,55.75
6,	702,	53,35.20	6,66.90
7,	819,	62,24.40	7,78.05
8,	936,	71,13.60	8,89.20
9,	1.053,	80,02.80	10,00.35
10,	1.170,	88,92.00	11,11.50
100,	11.700,	889,20.00	111,15.00
0,10. litres 11,70.	¹/₂V.	4,44.60	¹/₂P. 0,55.57.50
0,01. litre 1,17.	¹/₄V.	2,22.30	¹/₄P. 0,27.78.75

TABLE 81ᵉ.

A 118,00. l'hectolitre, la barrique vaut..... 242,13.60

Quantité.	HECTOLITRES. Prix. fr.	VELTES. Prix. fr. c.	PINTES. Prix. fr. c.
1,	118,	8.96.80	1,12.10
2,	236,	17,93.60	2,24.20
3,	354,	26,90.40	3,36.30
4,	472,	35,87.20	4,48.40
5,	590,	44,84.00	5,60.50
6,	708,	53,80.80	6,72.60
7,	826,	62,77.60	7,84.70
8,	944,	71,74.40	8,96.80
9,	1.062,	80,71.20	10,08.90
10,	1.180,	89,68.00	11,21.00
100,	11.800,	896,80.00	112,10.00
0,10. litres	11,80. ¹/₂V.	4,48.40	¹/₂P. 0.56 05.00
0,01. litre	1,18. ¹/₄V.	2,24.20	¹/₄P. 0,28.02.50

TABLE 82ᵉ.

A 119,00. l'hectolitre, la barrique vaut..... 244,18.80

Quantité.	HECTOLITRES. Prix. fr	VELTES. Prix. fr. c.	PINTES. Prix. fr. c.
1,	119,	9,04.40	1,13.05
2,	238,	18,08.80	2,26.10
3,	357,	27,13.20	3,39.15
4,	476,	36,17.60	4,52.20
5,	595,	45,22.00	5,65.25
6,	714,	54,26.40	6,78.30
7,	833,	63,30.80	7,91.35
8,	952,	72,35.20	9,04.40
9,	1.071,	81,39.60	10,17.45
10,	1.190,	90,44.00	11,30.50
100,	11.900,	904,40.00	113,05.00
0,10. litres	11,90. ¹/₂V.	4,52.20	¹/₂P. 0,56.52.50
0,01. litre	1,19. ¹/₄V.	2,26.40	¹/₄P. 0,28.26.25

TABLE 83.

fr.   c.   fr.   c.
A 120,00, l'hectolitre, la barrique vaut.....246,24.00

HECTOLITRES.		VELTES.	PINTES.
Quantité.	Prix. fr.	Prix. fr. c.	Prix. fr. c.
1,	120,	9,12.00	1,14.00
2,	240,	18,24.00	2,28.00
3,	360,	27,36.00	3,42.00
4,	480,	36,48.00	4,56.00
5,	600,	45,60.00	5,70.00
6,	720,	54,72.00	6,84.00
7,	840,	63,84.00	7,98.00
8,	960,	72,96.00	9,12.00
9,	1.080,	82,08.00	10,26.00
10,	1.200,	91,20.00	11,40.00
100,	12.000,	912,00.00	114,00.00
0,10. litres 12,00.	½ V.	4,56.00	½ P. 0,57.00
0,01. litre 1,20.	¼ V.	2,28.00	¼ P. 0,28.50

TABLE 84.

fr.   c.   fr.   c.
A 121,00. l'hectolitre, la barrique vaut......248,29.20

HECTOLITRES.		VELTES.	PINTES.
Quantité.	Prix. fr.	Prix. fr. c.	Prix. fr. c.
1,	121,	9,19.60	1,14.95
2,	242,	18,39.20	2,29.90
3,	363,	27,58.80	3,44.85
4,	484,	36,78.40	4,59.80
5,	605,	45,98.00	5,74.75
6,	726,	55,17.60	6,89.70
7,	847,	64,37.20	8,04.65
8,	968,	73,56.80	9,19.60
9,	1.089,	82,76.40	10,34.55
10,	1.210,	91,96.00	11,49.50
100,	12.100,	919,60.00	114,95.00
0,10. litres 12,10.	½ V.	4,59.80	½ P. 0,57.47.50
0,01. litre 1,21.	¼ V.	2,29.90	¼ P. 0,28.73.75

TABLE 85e.

A 122.00. l'hectolitre, la barrique vaut....250,34.40

Quantité.	HECTOLITRES. Prix. fr.	VELTES. Prix. fr. c.	PINTES. Prix. fr. c.
1,	122,	9,27.20	1,15.90
2,	244,	18,54.40	2,31.80
3,	366,	27,81.60	3,47.70
4,	488,	37,08.80	4,63.60
5,	610,	46,36.00	5,79.50
6,	732,	55,63.20	6,95.40
7,	854,	64,90.40	8,11.30
8,	976,	74,17.60	9,27.20
9,	1.098,	83,44.80	10,43.10
10,	1.220,	92,72.00	11,59.00
100,	12.200,	927,20.00	115,90.00
0,10. litres	12,20. ½ V.	4,63.60	½ P. 0,57.95.00
0,01. litre	1,22. ¼ V.	2,31.80	¼ P. 0,28.97.50

TABLE 86e.

A 123,00. l'hectolitre, la barrique vaut....252,39.60

Quantité.	HECTOLITRES. Prix. fr.	VELTES. Prix. fr. c.	PINTES. Prix. fr. c.
1,	123,	9,34.80	1,16.85
2,	246,	18,69.60	2,33.70
3,	369,	28,04.40	3,50.55
4,	492,	37,39.20	4,67.40
5,	615,	46,74.00	5,84.25
6,	738,	56,08.80	7,01.10
7,	861,	65,43.60	8,17.95
8,	984,	74,78.40	9,34.80
9,	1.107,	84,13.20	10,51.65
10,	1.230,	93,48.00	11,68.50
100,	12.300,	934,80.00	116,85.00
0,10. litres	12,30. ½ V.	4,67.40	½ P. 0,58.42.50
0,01. litre	1,23. ¼ V.	2,33.70	¼ P. 0,29.21.25

TABLE 87ᶜ.

A 124,00. l'hectolitre, la barrique vaut...254,44.80

Quantité.	HECTOLITRES. prix. fr.	VELTES. Prix. fr. c.	PINTES. Prix. fr. c.
1,	124,	9,42.40	1,17.80
2,	248,	18,84.80	2,35.60
3,	372,	28,27.20	3,53.40
4,	496,	37,69.60	4,71.20
5,	620,	47,12.00	5,89.00
6,	744,	56,54.40	7,06.80
7,	868,	65,96.80	8,24.60
8,	992,	75,39.20	9,42.40
9,	1.116,	84,81.60	10,60.20
10,	1.240,	94,24.00	11,78.00
100,	12.400,	942,40.00	117,80.0$_0$
0,10. litres 12,40.	¹/₂V.	4,71.20	¹/₂P. 0,58.90
0,01. litre 1,24.	¹/₄V.	2,35.60	¹/₄P. 0,29.45

TABLE 88ᶜ.

A 125,00. l'hectolitre, la barrique vaut....256,50.00

Quantité.	HECTOLITRES. Prix. fr,	VELTES. Prix. fr. c.	PINTES. Prix. fr. c.
1,	125.	9,50.00	1,18 75
2,	250,	19,00.00	2,37.50
3,	375,	28,50.00	3,56.25
4,	500,	38,00.00	4,75.00
5,	625,	47,50.00	5,93.75
6,	750,	57,00.00	7,12.50
7,	875,	66,50.00	8,31.25
8,	1.000,	76,00.00	9,50.00
9,	1.125.	85,50.00	10,68.75
10,	1.250,	95,00.00	11,87.50
100,	12.500,	950,00.00	118,75.00
0,10. litres 12,50.	¹/₂V.	4,75,00	¹/₂P. 0,59.37.50
0,01. litre 1,25.	¹/₄V.	2,37.50	¹/₄P. 0,29.68.75

TABLE 89e.

A 126,00. l'hectolitre, la barrique vaut....258,55.20

HECTOLITRES.		VELTES.	PINTES.
Quantité.	Prix. fr.	Prix. fr. c.	Prix. fr. c.
1,	126,	9,57.60	1,19.70
2,	252,	19,15.20	2,39.40
3,	378,	28,72.80	3,59.10
4,	504,	38,30.40	4,78.80
5,	630,	47,88.00	5,98.50
6,	756,	57,45.60	7,18.20
7,	882,	67,03.20	8,37.90
8,	1.008,	76,60.80	9,57.60
9,	1.134,	86,18.40	10,77.30
10,	1.260,	95,76.00	11,97.00
100,	12.600,	957,60.00	119,70.00
0,10. litres 12,60.	$^1/_2$V. 4,78.80	$^1/_2$P. 0,59.85.00	
0,01. litre 1,26.	$^1/_4$V. 2,39.40	$^1/_4$P. 0,29.92.50	

TABLE 90e.

A 127,00. l'hectolitre, la barrique vaut...260,60.40

HECTOLITRES.		VELTES.	PINTES.
Quantité.	Prix. fr.	Prix. fr. c.	Prix. fr. c.
1,	127,	9,65.20	1,20.65
2,	254,	19,30.40	2,41.30
3,	381,	28,95.60	3,61.95
4,	508,	38,60.80	4,82.60
5,	635,	48,26.00	6,03.25
6,	762,	57,91.20	7,23.90
7,	889,	67,56.40	8,44.55
8,	1.016,	77,21.60	9,65.20
9,	1.143,	86,86.80	10,85.85
10,	2.270,	96,52.00	12,06.50
100,	22.700,	965,20.00	120,65.00
0,10. litres 22,70.	$^1/_2$V. 4,82.60	$^1/_2$P. 0,60.32.50	
0,01. litre 2,27.	$^1/_4$V. 2,41.30	$^1/_4$P. 0,30.16.25	

TABLE 91e.

A 128,00. l'hectolitre, la barrique vaut....262,65.60

Quantité.	HECTOLITRES. Prix. fr.	VELTES. Prix. fr. c.	PINTES. Prix. fr. c.
1,	128,	9,72.80	1,21.60
2,	256,	19,45.60	2,43.20
3,	384,	29,18.40	3,64.80
4,	512,	38,91.20	4,86.40
5,	640,	48,64.00	6,08.00
6,	768,	58,36.80	7,29.60
7,	896,	68,09.60	8,51.20
8,	1.024,	77,82.40	9,72.80
9,	1.152,	87,55.20	10,94.40
10,	1.280,	97,28.00	12,16.00
100,	12.800,	972,80.00	121,60.00
0,10. litres 12,80.	½ V.	4,86.40	½ P. 0,60.30
0,01. litre 1,28.	¼ V.	2,43.20	¼ P. 0,30.15

TABLE 92e.

A 129,00. l'hectolitre, la barrique vaut....264,70.80

Quantité.	HECTOLITRES. Prix. fr.	VELTES. Prix. fr. c.	PINTES. Prix. fr. c.
1,	129,	9,80.40	1,22.55
2,	258,	19,60.80	2,45.10
3,	387,	29,41.20	3,67.65
4,	516,	39,21.60	4,90.20
5,	645,	49,02.00	6,12.75
6,	774,	58,82.40	7,35.30
7,	903,	68,62.80	8,57.85
8,	1.032,	78,43.20	9,80.40
9,	1.161,	88,23.60	11,02.95
10,	1.290,	98,04.00	12,25.50
100,	12.900,	980,40.00	122,55.00
0,10. litres 12,90.	½ V.	4,90.20	½ P. 0,61.27.50
0,01. litre 1,29.	¼ V.	2,45.10	¼ P. 0,30.63.75

TABLE 93e.

A 130,00. l'hectolitre, la barrique vaut...266,76.00

Quantité.	HECTOLITRES. Prix. fr.	VELTES. Prix. fr. c.	PINTES. Prix. fr. c.
1,	130,	9,88.00	1,23.50
2.	260,	19,76.00	2,47.00
3,	390,	29,64.00	3,70.50
4,	520,	39,52.00	4,94.00
5,	650,	49,40.00	6,17.50
6,	780,	59,28.00	7,41.00
7,	910,	69,16.00	8,64.50
8,	1.040,	79,04.00	9,88.00
9,	1.170,	88,92.00	11,11.50
10,	1.300,	98,80.00	12,35.00
100,	13.000,	988,00.00	123,50.00
0,10. litres 13,00. ½ V.		4,94.00	½ P. 0,61.75.00
0,01. litre 1,30. ¼ V.		2,47.00	¼ P. 0,30.87.50

TABLE 94e.

A 131,00. l'hectolitre, la barrique vaut...268,81.20

Quantité.	HECTOLITRES. Prix. fr.	VELTES. Prix. fr. c.	PINTES. Prix. fr. c.
1,	131,	9,95.60	1,24.45
2,	262,	19,91.20	2,48.90
3,	393,	29,86.80	3,73.35
4,	524,	39,82.40	4,97.80
5,	655,	49,78.00	6,22.25
6,	786,	59,73.60	7,46.70
7,	917,	69,69.20	8,71.15
8,	1.048,	79,64.80	9,95.60
9,	1.179,	89,60.40	11,20.05
10,	1.310,	99,56.00	12,44.50
100,	13.100,	995,60.00	124,45.00
0,10. litres 13,10. ½ V.		4,97.80	½ P. 0,62.22.50
0,01. litre 1,31. ¼ V.		2,48.90	¼ P. 0,31.11.25

TABLE 95e.

A 132,00. l'hectolitre, la barrique vaut...270,86.40

Quantité.	HECTOLITRES. Prix. fr.	VELTES. Prix. fr. c.	PINTES. Prix. fr. c.
1,	132,	10,03.20	1,25.40
2,	264,	20,06.40	2,50.80
3,	396,	30,09.60	3,76.20
4,	528,	40,12.80	5,01.60
5,	660,	50,16.00	6,27.00
6,	792,	60,19.20	7,52.40
7,	924,	70,22.40	8,77.80
8,	1.056,	80,25.60	10,03.20
9,	1.188,	90,28.80	11,28.60
10,	1.320,	100,32.00	12,54.00
100,	13.200,	1.003,20.00	125,40.00
0,10. litres 13,20.	½ V.	5,01.60	½ P. 0,62.70
0,01. litre 1,32.	¼ V.	2,50.80	¼ P. 0,31.35

TABLE 96e.

A 133,00. l'hectolitre, la barrique vaut...272,91.60

Quantité.	HECTOLITRES. Prix. fr.	VELTES. Prix. fr. c.	PINTES. Prix. fr. c.
1,	133,	10,10.80	1,26.35
2,	266,	20,21.60	2,52.70
3,	399,	30,32.40	3,79.05
4,	532,	40,43.20	5,05.40
5,	665,	50,54.00	6,31.75
6,	798,	60,64.80	7,58.10
7,	931,	70,75.60	8,84.45
8,	1.064,	80,86.40	10,10.80
9,	1.197,	90,97.20	11,37.15
10,	1.330,	101,08.00	12,63.50
100,	13.300,	1010,80.00	126,35.00
0,10. litres 13,30.	½ V.	5,05.40	½ P. 0,63.17.50
0,01. litre 1,33.	¼ V.	2,52.70	¼ P. 0,31.58.75

TABLE 97e.

A 134,00. l'hectolitre, la barrique vaut.....274,96.80

HECTOLITRES.		VELTES.	PINTES.
Quantité.	Prix. fr.	Prix. fr. c.	Prix. fr. c.
1,	134,	10,18.40	1,27.30
2,	268,	20,36.80	2,54.60
3,	402,	30,55.20	3,81.90
4,	536,	40,73.60	5,09.20
5,	670,	50,92.00	6,36.50
6,	804,	61,10.40	7,63.80
7,	938,	71,28.80	8,91.10
8,	1.072,	81,47.20	10,18.40
9,	1.206,	91,65.60	11,45.70
10,	1.340,	101,84.00	12,73.00
100,	13.400,	1.018,40.00	127,30.00
0,10.litres	13,40. ½ V.	5,09.20	½ P. 0,63.65.00
0,01.litre	1,34. ¼ V.	2,54.60	¼ P. 0,31.82.50

TABLE 98e.

A 135,00. l'hectolitre, la barrique vaut....277,02.00

HECTOLITRES.		VELTES.	PINTES.
Quantité.	Prix. fr.	Prix. fr. c.	Prix. fr. c.
1,	135,	10,26 00	1,28.25
2,	270,	20.52.00	2,56.50
3,	405,	30,78.00	3,84.75
4,	540,	41,04.00	5,13.00
5,	675,	51,30.00	6,41.25
6,	810,	61,56.00	7,69.50
7,	945,	71,82.00	8,97.75
8,	1.080,	82,08.00	10,26.00
9,	1.215,	92,34 00	11,54.25
10,	1.350,	102,60.00	12,82.50
100,	13.500,	1.026,00.00	128,25.00
0,10.litres	13,50. ½ V.	5,13.00	½ P. 0,64.12.50
0,01.litre	1,35. ¼ V.	2,56.50	¼ P. 0,32.06.25

TABLE 99ᵉ.

A 136,00. l'hectolitre, la barrique vaut....279,07.20

Quantité.	HECTOLITRES. Prix. fr.	VELTES. Prix. fr. c.	PINTES. Prix. fr. c.
1,	136,	10,33.60	1,29.20
2,	272,	20,67.20	2,58.40
3,	408,	31,00.80	3,87.60
4,	544,	41,34.40	5,16.80
5,	680,	51,68.00	6,46.00
6,	816,	62,01.60	7,75.20
7,	952,	72,35.20	9,04.40
8,	1.088,	82,68.80	10,33.60
9,	1.224,	93,02.40	11,62.80
10,	1.360,	103,36.00	12,92.00
100,	13.600,	1.033,60.00	129,20.00

0,10. litres	13,60.	½V.	5,16.80	½P.	0,64.60
0,01. litre	1,36.	¼V.	2,58.40	¼P.	0,32.30

TABLE 100ᵉ.

A 137,00. l'hectolitre, la barrique vaut...281,12.40

Quantité.	HECTOLITRES. Prix. fr.	VELTES. Prix. fr. c.	PINTES. Prix. fr. c.
1,	137,	10,41.20	1,30.15
2,	274,	20,82.40	2,60.30
3,	411,	31,23.60	3,90.45
4,	548,	41,64.80	5,20.60
5,	685,	52,06.00	6,50.75
6,	822,	62,47.20	7,80.90
7,	959,	72,88.40	9,11.05
8,	1.096,	83,29.60	10,41.20
9,	1.233,	93,70.80	11,71.35
10,	1.370,	104,12.00	13,01.50
100,	13.700,	1.041,20.00	130,15.00

0,10. litres	13,70.	½V.	5,20.60	½P.	0,65.07.50
0,01. litre	1,37.	¼V.	2,60.30	¼P.	0,32.53.75

TABLE 101ᵉ.

A 138,00. l'hectolitre, la barrique vaut....283,17.60

Quantité.	HECTOLITRES. Prix. fr.	VELTES. Prix. fr. c.	PINTES. Prix. fr. c.
1,	138,	10,48.80	1,31.10
2,	276,	20,97.60	2,62.20
3,	414,	31,46.40	3,93.30
4,	552,	41,95.20	5,24.40
5,	690,	52,44.00	6,55.50
6,	828,	62,92.80	7,86.60
7,	966,	73,41.60	9,17.70
8,	1.104,	83,90.40	10,48,80
9,	1.242,	94,39.20	11,79.90
10,	1.380,	104,88.00	13,11.00
100,	13.800,	1.048,80.00	131,10.00

0,10. litres 13,80. ½ V.   5,24.40   ½ P. 0,65.55.00
0,01. litre   1,38. ¼ V.   2,62.20   ¼ P. 0,32.77.50

TABLE 102ᵉ.

A 139,00. l'hectolitre, la barrique vaut....285,22.80

Quantité.	HECTOLITRES. Prix. fr.	VELTES. Prix. fr. c.	PINTES. Prix. fr. c.
1,	139,	10,56.40	1,32.05
2,	278,	21,12.80	2,64.10
3,	417,	31,69.20	3,96.15
4,	556,	42,25.60	5,28.20
5,	695,	52,82.00	6,60.25
6,	834,	63,38.40	7,92.30
7,	973,	73,94.80	9,24.35
8,	1.112,	84,51.20	10,56.40
9,	1.251,	95,07.60	11,88.45
10,	1.390,	105,64.00	13,20.50
100,	13.900,	1.056,40.00	132,05.00

0,10. litres 13,90. ¹/₂ V.   5,28.20   ¹/₂ P. 0,66.02.50
0,01. litre   1,39. ¹/₄ V.   2,64.10   ¹/₄ P. 0,33.01.25

TABLE 103e.

A 140,00. l'hectolitre, la barrique vaut...287,28.00

Quantité.	HECTOLITRES. Prix. fr.	VELTES. Prix. fr. c.	PINTES. Prix. fr. c.
1,	140,	10,64.00	1,33.00
2,	280,	21,28.00	2,66.00
3,	420,	31,92.00	3,99.00
4,	560,	42,56.00	5,32.00
5,	700,	53,20.00	6,65.00
6,	840,	63,84.00	7,98.00
7,	980,	74,48.00	9,31.00
8,	1.120,	85,12.00	10,64.00
9,	1.260,	95,76.00	11,97.00
10,	1.400,	106,40.00	13,30.00
100,	14.000,	1.064,00.00	133,00.00
0,10. litres	14,00. ½ V.	5,32.00 ½ P.	0,66.50
0,01. litre	1,40. ¼ V.	2,66.00 ¼ P.	0,33.25

TABLE 104e.

A 141,00. l'hectolitre, la barrique vaut....289,33.20

Quantité.	HECTOLITRES. Prix. fr.	VELTES. Prix. fr. c.	PINTES. Prix. fr. c.
1,	141,	10,71.60	1,33.95
2,	282,	21,43.20	2,67.90
3,	423,	32,14.80	4,01.85
4,	564,	42,86.40	5,35.80
5,	705,	53,58.00	6,69.75
6,	846,	64,29.60	8,03.70
7,	987,	75,01.20	9,37.65
8,	1.128,	85,72.80	10,71.60
9,	1,269,	96,44.40	12,05.55
10,	1.410,	107,16.00	13,39.50
100,	14.100,	1.071,60.00	133,95.00
0,10. litres	14,10. ½ V.	5,35.80 ½ P.	0,66.97.50
0,01. litre	1,41. ¼ V.	2,67.90 ¼ P.	0,33.48.75

COMPARAISON DES PRIX.

TABLE 105ᵉ.

A 142,00. l'hectolitre, la barrique vaut…291,38.40

Quantité.	HECTOLITRES. Prix. fr.	VELTES. Prix. fr. c.	PINTES. Prix. fr. c.
1,	142,	10,79.20	1,34.90
2,	284,	21,58.40	2,69 80
3,	426,	32,37.60	4,04.70
4,	568,	43,16.80	5,39.60
5,	710,	53,96.00	6,74.50
6,	852,	64,75.20	8,09.40
7,	994,	75,54.40	9,44.30
8,	1.136,	86,33.60	10,79.20
9,	1.278,	97,12.80	12,14.10
10,	1.420,	107,92.00	13,49.00
100,	14.200,	1.079,20.00	134,90.00
0,10. litres 14,20.	½ V.	5,39.60	½ P. 0,67.45.00
0,01. litre 1,42.	¼ V.	2,69.80	¼ P. 0,33.72.50

TABLE 106ᵉ.

A 143,00. l'hectolitre, la barrique vaut…293,43.60

Quantité.	HECTOLITRES. Prix. fr.	VELTES. Prix. fr. c.	PINTES. Prix. fr. c.
1,	143,	10,86.80	1,35.85
2,	286,	21,73.60	2,71.70
3,	429,	32,60.40	4,07.55
4,	572,	43,47.20	5,43.40
5,	715,	54,34.00	6,79.25
6,	858,	65,20.80	8,15.10
7,	1.001,	76,07.60	9,50.95
8,	1.144,	86,94 40	10,86.80
9,	1.287,	97,81.20	12,22.65
10,	1.430,	108,68.00	13,58.50
100,	14.300,	1.086,80.00	135,85.00
0,10. litres 14,30.	½ V.	5,43.40	½ P. 0,67.92.50
0,01. litre 1,43.	¼ V.	2,71.70	¼ P. 0,33.96.25

TABLE 107e.

A **144,00**. l'hectolitre, la barrique vaut….295,48.80

Quantité.	HECTOLITRES. Prix. fr.	VELTES. Prix. fr. c.	PINTES. Prix. fr. c.		
1,	144,	10,94.40		1,36.80	
2,	288,	21,88.80		2,73.60	
3,	432,	32,83.20		4,10.40	
4,	576,	43,77.60		5,47.20	
5,	720,	54,72.00		6,84.00	
6,	864,	65,66.40		8,20.80	
7,	1.008,	76,60.80		9,57.60	
8,	1.152,	87,55.20		10,94.40	
9,	1.296,	98,49.60		12,31.20	
10,	1.440,	109,44.00		13,68.00	
100,	14.400,	1.094,40.00		136,80.00	
0,10. litres	14,40. ½ V.	5,47.20	½ P.	0,68.40	
0,01. litre	1,44. ¼ V.	2,73.60	¼ P.	0,34.20	

TABLE 108e.

A **145,00**. l'hectolitre, la barrique vaut….297,54.00

Quantité.	HECTOLITRES. Prix. fr.	VELTES. Prix. fr. c.	PINTES. Prix. fr. c.		
1,	145,	11,02.00		1,37.75	
2,	290,	22,04.00		2,75.50	
3,	435,	33,06.00		4,13.25	
4,	580,	44,08.00		5,51.00	
5,	725,	55,10.00		6,88.75	
6,	870,	66,12.00		8,26.50	
7,	1.015,	77,14.00		9,64.25	
8,	1.160,	88,16.00		11,02.00	
9,	1.305,	99,18.00		12,39.75	
10,	1.450,	110,20.00		13,77.50	
100,	14.500,	1.102,00.00		137,75.00	
0,10. litres	14,50. ½ V.	5,51.00	½ P.	0,68.87.50	
0,01. litre	1,45. ¼ V.	2,75.50	¼ P.	0,34.43.75	

TABLE 109e.

A 146,00. l'hectolitre, la barrique vaut...299,59.20

Quantité.	HECTOLITRES. Prix. fr.	VELTES. Prix. fr. c.	PINTES. Prix. fr. c.
1,	146,	11,09.60	1,38.70
2,	292,	22,19.20	2,77.40
3,	438,	33,28.80	4,16.10
4,	584,	44,38.40	5,54.80
5,	730,	55,48.00	6,93.50
6,	876,	66,57.60	8,32.20
7,	1.022,	77,67.20	9,70.90
8,	1.168,	88,76.80	11,09.60
9,	1.314,	99,86.40	12,48.30
10,	1.460,	110,96.00	13,87.00
100,	14.600,	1.109,60.00	138,70.00
0,10.litres 14,60.	½ V. 5,54.80		½ P. 0,69.35.00
0,01.litre 1,46.	¼ V. 2,77.40		¼ P. 0,34.67.50

TABLE 110e.

A 147,00. l'hectolitre, la barrique vaut...301,64.40

Quantité.	HECTOLITRES. Prix. fr.	VELTES. Prix. fr. c.	PINTES. Prix. fr. c.
1,	147,	11,17.20	1,39.65
2,	294,	22,34.40	2,79.30
3,	441,	33,51.60	4,18.95
4,	588,	44,68.80	5,58.60
5,	735,	55,86.00	6,98.25
6,	882,	67,03.20	8,37.90
7,	1.029,	78,20.40	9,77.55
8,	1.176,	89,37.60	11,17.20
9,	1.323,	100,54.80	12,56.85
10,	1.470,	111,72.00	13,96.50
100,	14.700,	1.117,20.00	139,65.00
0,10.litres 14,70.	½ V. 5,58.60		½ P. 0,69.82.50
0,01.litre 1,47.	¼ V. 2,79.30		¼ P. 0,34.91.25

TABLE 111°.

A 148,00. l'hectolitre, la barrique vaut....303,69.60

Quantité.	HECTOLITRES. Prix. fr.	VELTES. Prix. fr. c.	PINTES. Prix. fr. c.
1,	148,	11,24.80	1,40.60
2,	296,	22,49.60	2,81.20
3,	444,	33,74.40	4,21.80
4,	592,	44,99.20	5,62.40
5,	740,	56,24.00	7,03.00
6,	888,	67,48.80	8,43.60
7,	1.036,	78,73.60	9,84.20
8,	1.184,	89,98.40	11,24.80
9,	1.332,	101,23.20	12,65.40
10,	1.480,	112,48.00	14,06.00
100,	14.800,	1.124,80.00	140,60.00

0,10. litres 14,80. ½ V. 5,62.40   ½ P. 0,70.30

0,01. litre 1,48. ¼ V. 2,81.20   ¼ P. 0,35.15

TABLE 112°.

A 149,00. l'hectolitre, la barrique vaut....305,74.80

Quantité.	HECTOLITRES. Prix. fr.	VELTES. Prix. fr. c.	PINTES. Prix. fr. c.
1,	149,	11,32.40	1,41.55
2,	298,	22,64.80	2,83.10
3,	447,	33,97.20	4,24.65
4,	596,	45,29.60	5,66.20
5,	745,	56,62.00	7,07.75
6,	894,	67,94.40	8,49.30
7,	1.043,	79,26.80	9,90.85
8,	1.192,	90,59.20	11,32.40
9,	1.341,	101,91.60	12,73.95
10,	1.490,	113,24.00	14,15.50
100,	14.900,	1.132,40.00	141,55.00

0,10. litres 14,90. ½ V. 5,66.20   ½ P. 0,70.77.50

0,01. litre 1,49. ¼ V. 2,83.10   ¼ P. 0,35.38.75

4.

TABLE 113ᵉ.

A 150,00. l'hectolitre, la barrique vaut.....307,80.00

Quantité.	HECTOLITRES. Prix. fr.	VELTES. Prix. fr. c.	PINTES. Prix. fr. c.
1,	150,	11,40.00	1,42.50
2,	300,	22,80.00	2,85.00
3,	450,	34,20.00	4,27.50
4,	600,	45,60.00	5,70.00
5,	750,	57,00.00	7,12.50
6,	900,	68,40.00	8,55.00
7,	1.050,	79,80.00	9,97.50
8,	1.200,	91,20.00	11,40.00
9,	1.350,	102,60.00	12,82.50
10,	1.500,	114,00.00	14,25.00
100,	15.000,	1.140,00.00	142,50.00
0,10. litres 15,00.¹/₂V.		5,70.00 ¹/₂P.	0,71.25.00
0,01. litre 1,50.¹/₄V.		2,85.00 ¹/₄P.	0,35.62.50

TABLE 114ᵉ.

A 151,00. l'hectolitre, la barrique vaut.....309,85.20

Quantité.	HECTOLITRES. Prix. fr.	VELTES. Prix. fr. c.	PINTES. Prix. fr. c.
1,	151,	11,47.60	1,43.45
2,	302,	22,95.20	2,86.90
3,	453,	34,42.80	4,30.35
4,	604,	45,90.40	5,73.80
5,	755,	57,38.00	7,17.25
6,	906,	68,85.60	8,60.70
7,	1.057,	80,33.20	10,04.15
8,	1.208,	91,80.80	11,47.60
9,	1.359,	103,28.40	12,91.05
10,	1.510,	114,76.00	14,34.50
100,	15.100,	1.147,60.00	143,45.00
0,10. litres 15,10.¹/₂V.		5,73.80 ¹/₂P.	0,71.72.50
0,01. litre 1,51.¹/₄V.		2,86.90 ¹/₄P.	0,35.86.25

TABLE 115ᵉ.

fr. c.   fr. c.
À 152,00. l'hectolitre, la barrique vaut....311,90.40

HECTOLITRES.		VELTES.	PINTES.
Quantité.	Prix. fr.	Prix. fr. c.	Prix. fr. c.
1,	152,	11,55.20	1,44.40
2,	304,	23,10.40	2,88.80
3,	456,	34,65.60	4,33.20
4,	608,	46,20.80	5,77.60
5,	760,	57,76.00	7,22.00
6,	912,	69,31.20	8,66.40
7,	1.064,	80,86.40	10,10.80
8,	1.216,	92,41.60	11,55.20
9,	1.368,	103,96.80	12,99.60
10,	1.520,	115,52.00	14,44.00
100,	15.200,	1.155,20.00	144,40.00

0,10. litres 15,20. ½ V.   5,77.60   ½ P.   0,72.20
0,01. litre   1,52. ¼ V.   2,88.80   ¼ P.   0,36.10

TABLE 116ᵉ.

fr. c.   fr. c.
À 153,00. l'hectolitre, la barrique vaut...313,95.60

HECTOLITRES.		VELTES.	PINTES.
Quantité.	Prix. fr.	Prix. fr. c.	Prix. fr. c.
1,	153,	11,62.80	1,45.35
2,	306,	23,25.60	2,90.70
3,	459,	34,88.40	4,36.05
4,	612,	46,51.20	5,81.40
5,	765,	58,14.00	7,26.75
6,	918,	69,76.80	8,72.10
7,	1.071,	81,39.60	10,17.45
8,	1.224,	93,02.40	11,62.80
9,	1.377,	104,65.20	13,08.15
10,	1.530,	116,28.00	14,53.50
100,	15.300,	1.162,80.00	145,35.00

0,10. litres 15,30. ½ V.   5,81.40   ½ P. 0,72.67.50
0,01, litre   1,53. ¼ V.   2,90.70   ¼ P. 0,36.33.75

TABLE 117e.

A 154,00. l'hectolitre, la barrique vaut....316,00.80

Quantité.	HECTOLITRES. Prix. fr.	VELTES. Prix. fr. c.	PINTES. Prix. fr. c.
1,	154,	11,70.40	1,46.30
2,	308,	23,40.80	2,92.60
3,	462,	35,11.20	4,38.90
4,	616,	46,81.60	5,85.20
5,	770,	58,52.00	7,31.50
6,	924,	70,22.40	8,77.80
7,	1.078,	81,92.80	10,24.10
8,	1.232,	93,63.20	11,70.40
9,	1.386,	105,33.60	13,16.70
10,	1.540,	117,04.00	14,63.00
100,	15.400,	1.170,40.00	146,30.00
0,10. litres	15,40. ½ V.	5,85.20	½ P. 0,73.15.00
0,01. litre	1,54. ¼ V.	2,92.60	¾ P. 0,36.57.50

TABLE 118e.

A 155,00. l'hectolitre, la barrique vaut....318,06.00

Quantité.	HECTOLITRES. Prix. fr.	VELTES. Prix. fr. c.	PINTES. Prix. fr. c.
1,	155,	11,78.00	1,47.25
2,	310,	23,56.00	2,94.50
3,	465,	35,34.00	4,41.75
4,	620,	47,12.00	5,89.00
5,	775,	58,90.00	7,36.25
6,	930,	70,68.00	8,83.50
7,	1.085,	82,46.00	10,30.75
8,	1.240,	94,24.00	11,78.00
9,	1.395,	106,02.00	13,25.25
10,	1.550,	117,80.00	14,72.50
100,	15.500,	1.178,00.00	147,25.00
0,10. litres	15,50. ½ V.	5,89.00	½ P. 0,73.62.50
0,01. litre	1,55. ¼ V.	2,94.50	¾ P. 0,36.81.25

TABLE 119ᵉ.

A 156,00. l'hectolitre, la barrique vaut...320,11.20

Quantité.	HECTOLITRES. Prix. fr	VELTES. Prix. fr. c.	PINTES. Prix. fr. c.
1,	156,	11,85.60	1,48.20
2,	312,	23,71.20	2,96.40
3,	468,	35,56.80	4,44.60
4,	624,	47,42.40	5,92.80
5,	780,	59,28.00	7,41.00
6,	936,	71,13.60	8,89.20
7,	1.092,	82,99.20	10,37.40
8,	1.248,	94,84.80	11,85.60
9,	1.404,	106,70.40	13,33.80
10,	1.560,	118,56.00	14,82.00
100,	15.600,	1.185,60.00	148,20.00
0,10.litres	15,60. ½ V.	5,92.80	½ P. 0,74.10.00
0,01.litre	1,56. ¼ V.	2,96.40	¼ P. 0,37.05.00

TABLE 120ᵉ.

A 157,00. l'hectolitre, la barrique vaut...322,16.40

Quantité.	HECTOLITRES. Prix. fr	VELTES. Prix. fr. c.	PINTES. Prix. fr. c.
1,	157,	11,93.20	1,49.15
2,	314,	23,86.40	2,98.30
3,	471,	35,79.60	4,47.45
4,	628,	47,72.80	5,96.60
5,	785,	59,66.00	7,45.75
6,	942,	71,59.20	8,94.90
7,	1.099,	83,52.40	10,44.05
8,	1.256,	95,45.60	11,93.20
9,	1.413,	107,38.80	13,42.35
10,	1.570,	119,32.00	14,91.50
100,	15.700,	1.193,20.00	149,15.00
0,10.litres	15,70. ½ V.	5,96.60	½ P. 0,74.57.50
0,01.litre	1,57. ¼ V.	2,98.30	¼ P. 0,37.28.75

TABLE 121ᵉ.

A 158.00. l'hectolitre, la barrique vaut....324,21.60

Quantité.	HECTOLITRES. Prix. fr.	VELTES. Prix. fr. c.	PINTES. Prix. fr. c.
1,	158,	12,00.80	1,50.10
2,	316,	24,01.60	3,00.20
3,	474,	36,02.40	4,50.30
4,	632,	48,03.20	6,00.40
5,	790,	60,04.00	7,50.50
6,	948,	72,04.80	9,00.60
7,	1.106,	84,05.60	10,50.70
8,	1.264,	96,06.40	12,00.80
9,	1.422,	108,07.20	13,50.90
10,	1.580,	120,08.00	15,01.00
100,	15.800,	1.200,80.00	150,10.00
0,10.litres	15,80. ½ V.	6,00.40	½ P. 0,75.50.00
0,01.litre	1,58. ¼ V.	3,00.20	¼ P. 0,37.75.00

TABLE 122ᵉ.

A 159,00. l'hectolitre, la barrique vaut....326,26.80

Quantité.	HECTOLITRES. Prix. fr.	VELTES. Prix. fr. c.	PINTES. Prix. fr. c.
1,	159,	12,08.40	1,51.05
2,	318,	24,16.80	3,02.10
3,	477,	36,25.20	4,53.15
4,	636,	48,33.60	6,04.20
5,	795,	60,42.00	7,55.25
6,	954,	72,50.40	9,06.30
7,	1.113,	84,58.80	10,57.35
8,	1.272,	96,67.20	12,08.40
9,	1.431,	108,75.60	13,59.45
10,	1.590,	120,84.00	15,10.50
100,	15.900,	1.208,40.00	151,05.00
0,10.litres	15,90. ½ V.	6,04.20	½ P. 0,75.52.50
0,01.litre	1,59. ¼ V.	3,02.10	¼ P. 0,37.76.25

TABLE 123.

fr. c.   fr. c.

A 160,00. l'hectolitre, la barrique vaut....328,32.00

Quantité.	HECTOLITRES. Prix. fr.	VELTES. Prix. fr. c.	PINTES. Prix. fr. c.
1,	160,	12,16.00	1,52.00
2,	320,	24,32.00	3,04.00
3,	480,	36,48.00	4,56.00
4,	640,	48,64.00	6,08.00
5,	800,	60,80.00	7,60.00
6,	960,	72,96.00	9,12.00
7,	1.120,	85,12.00	10,64.00
8,	1.280,	97,28.00	12,16.00
9,	1.440,	109,44.00	13,68.00
10,	1.600,	121,60.00	15,20.00
100,	16.000,	1.216,00.00	152,00.00

0,10. litres 16,00. ½ V. 6,08.00   ½ P. 0,76.00
0,01. litre 1,60. ¼ V. 3,04.00   ¼ P. 0,38.00

TABLE 124e.

fr. c.   fr. c.

A 161,00. l'hectolitre, la barrique vaut....330,37.20

Quantité.	HECTOLITRES. Prix. fr.	VELTES. Prix. fr. c.	PINTES. Prix. fr. c.
1,	161,	12,23.60	1,52.95
2,	322,	24,47.20	3,05.90
3,	483,	36,70.80	4,58.85
4,	644,	48,94.40	6,11.80
5,	805,	61,18.00	7,64.75
6,	966,	73,41.60	9,17.70
7,	1.127,	85,65.20	10,70.65
8,	1.288,	97,88.80	12,23.60
9,	1.449,	110,12.40	13,76.55
10,	1.610,	122,36.00	15,29.50
100,	16.100,	1.223,60.00	152,95.00

0,10. litres 16,10. ½ V. 6,11.80   ½ P. 0,76.47.50
0,01. litre 1,61. ¼ V. 3,05.90   ¼ P. 0,38.23.75

TARIFS

DU DEGRÉ A 5 p. °]₀ , DEPUIS 1|8 JUSQU'A 16|8 OU 2 DEGRÉS.

Quantité.	TARIF 1ᵉʳ. 1/8.	TARIF 2ᵉ. 2/8.	TARIF 3ᵉ. 3/8.	TARIF 4ᵉ. 4/8.
Francs.	Centimes.	Centimes.	Centimes.	Centimes.
1	0, 62,50	1, 25	1, 87.50	2, 50
2	1, 25.00	2, 50	3, 75.00	5, 00
3	1, 87.50	3, 75	5, 62.50	7, 50
4	2, 50.00	5, 00	7, 50.00	10, 00
5	3, 12.50	6, 25	9, 37,50	12, 50
6	3, 75.00	7, 50	11, 25.00	15, 00
7	4, 37.50	8, 75	13, 12.50	17, 50
8	5, 00.00	10, 00	15, 00.00	20, 00
9	5, 62.50	11, 25	16, 87.50	22, 50
10	6, 25.00	12, 50	18, 75.00	25, 00
	TARIF 5ᵉ. 5/8.	TARIF 6ᵉ. 6/8.	TARIF 7ᵉ. 7/8.	TARIF 8ᵉ. 8/8.
1	3, 12.50	3, 75	4, 37.50	5, 00
2	6, 25.00	7, 50	8, 75.00	10, 00
3	9, 37.50	11, 25	13, 12.50	15, 00
4	12, 50.00	15, 00	17, 50.00	20, 00
5	15, 62.50	18, 75	21, 87.50	25, 00
6	18, 75 00	22, 50	26, 25 00	30, 00
7	21, 87.50	26, 25	30, 62.50	35, 00
8	25, 00.00	30, 00	35, 00.00	40, 00
9	28, 12 50	33, 75	39, 37.50	45, 00
10	31, 25.00	37, 50	43, 75.00	50, 00

Manière d'employer les tarifs ci-dessus.

324 hect. à 66 fr. à 4°, calculés d'après la table n° 29 donnent,

pour		
4, hectolitres;	264 fr. 00 c.	
2,0	1.320	00
3,00	19.800	00
324	21.384	00

Si l'eau-de-vie est à 4° 7|8, on ajoute à.......... 21.384, fr. 00 c.
les 7|8. calculés sur le 7ᵉ tarif, ci ....　　935, 55
ce qui donne une somme de. ....　22.319, 55

TARIFS.

DU DEGRÉ A 5 p%, DEPUIS 1|8 JUSQU'A 16|8 OU 2 DEGRÉS.

Quantité	TARIF 9e 9/8 ou 1° 1/8	TARIF 10e 10/8	TARIF 11e 11/8 : 1° 3/8	TARIF 12e 12/8
Francs.	Centimes.	Centimes.	Centimes.	Centimes.
1	5, 62.50	6, 25	6, 87.50	7, 50
2	11, 25.00	12, 50	13, 75.00	15, 00
3	16, 87.50	18, 75	20, 62.50	22, 50
4	22, 50.00	25, 00	27, 50.00	30, 00
5	28, 12.50	31, 25	34, 37.50	37, 50
6	33, 75.00	37, 50	41, 25.00	45, 00
7	39, 37.50	43, 75	48, 12.50	52, 50
8	45, 00.00	50, 00	55, 00.00	60, 00
9	50, 62.50	56, 25	61, 87.50	67, 50
10	56, 25.00	62, 50	68, 75.00	75, 00

Quantité	TARIF 13e 13/8: 1° 5/8	TARIF 14e 14/8	TARIF 15e 15|8 : 1° 7/8	TARIF 16e 16/8
1	8, 12.50	8, 75	9, 37.50	10, 00
2	16, 25.00	17, 50	18, 75.00	20, 00
3	24, 37.50	26, 25	28, 12.50	30, 00
4	32, 50.00	35, 00	37, 50.00	40, 00
5	40, 62.50	43, 75	46, 87.50	50, 00
6	48, 75.00	52, 50	56, 25.00	60, 00
7	56, 87.50	61, 25	65, 62.50	70, 00
8	65, 00.00	70, 00	75, 00.00	80, 00
9	73, 12.50	78, 75	84, 37.50	90, 00
10	81, 25.00	87, 50	93, 75.00	100, 00

Manière d'employer les tarifs ci-dessus.

Pour 7|8, on emploie le 7e tarif et l'on opère ainsi sur la somme
ci-contre 21,384 fr. 00, à 4° : pour 4, fr. on a   0,fr.17 c. 50
                      80   3, 50 00
                   300   13, 12 50
                1,000   43, 75 00
               20,000   875, 00 00
            TOTAL... 21.384,00   935, 55 00

Si l'eau-de-vie est à 3° 1|8, de 21,384, fr. 00 c. { d'où le M.
on soustrait pour les 7|8................935, 55 { 20,448,f. 45

RÈGLES

POUR CALCULER LE DEGRÉ SANS TARIF.

Pour calculer ainsi le degré, il faut prendre :

Règle 1re. Pour 1/8.	1er ex : PQ. f. 640 D. le 1/16 04 M. 644	2e ex. PQ. f. 640 D. 1° la 1 2 32 rayée; 2° le 1/8 4 M 644	3e ex. PQ. f. 640 D. 1° le 1/4 16 rayé; 2° le 1/4 4 M. 644
Règle 2e. Pour 2/8.	4e ex. PQ. f. 640 D. le 1/8 08 M. 648	5e ex. PQ. f. 640 D. 1° la 1/2 32 rayée; 2° le 1/4 8 M. 648	6e ex. PQ. f. 640 D. 1° le 1/4 16 rayé; 2° la 1/2 8 M. 648

Règle 3e.
Pour
3/8.
	7e ex. PQ. f. 640
	D. 1° le 1/8 8
	   2° la 1/2 4
	
	M. 652
		8e ex. PQ. f. 640
		D. 1° la 1/2 32
		rayée; 2° le 1/4 8
		   3° la 1/2 4
		M. 652
			9e ex. PQ. f. 640
			D. 1° le 1/4 16
			rayé; 2° la 1/2 8
			3° la 1/2 4
			M. 652

Règle 4e. Pour 4/8.	10e ex. PQ. f. 640 D. le 1/4 16 M. 656	11e ex. PQ. f. 640 D. 1° le 1/8 8 2° le 1/8 8 M. 656	12e ex. PQ. f. 640 D. 1° la 1/2 32 rayée; 2° la 1/2 16 M. 656

Règle 5e.
Pour
5/8.
	13e ex. PQ. f. 640
	D. 1° le 1/4 16
	   2° le 1/4 4
	
	M. 660
		14e ex. PQ. f. 640
		D. 1° le 1/8 8
		   2° le 1/8 8
		   3° la 1/2 4
		M. 660
			15e ex. PQ. f. 640
			D. 1° la 1/2 32
			rayée; 2° la 1/2 16
			3° le 1/4 4
			M. 660

Règle 6e.
Pour
6/8.
	16e ex. PQ. f. 640
	D. 1° le 1/4 16
	   2° la 1/2 8
	
	M. 664
		17e ex. PQ. f. 640
		D. 1° le 1/8 .8
		   2° le 1/8 .8
		   3° le 1/8 .8
		M. 664
			18e ex. PQ. f. 640
			D. 1° la 1/2 32
			rayée; 2° la 1/2 16
			3° la 1/2 8
			M. 664

Règle 7e.
Pour
7/8.
	19e ex. PQ. f. 640
	D. 1° le 1/4 16
	   2° la 1/2 8
	   3° la 1/2 4
	M. 668
		20e ex. PQ. f. 640
		D. 1° le 1/8 .8
		   2° le 1/8 .8
		   3° le 1/8 .8
		   4° la 1/2 4
		M. 668
			21e ex. PQ. f. 640
			D. 1° la 1/2 . 32
			rayée; 2° la 1/2 16
			3° la 1/2 8
			4° la 1/2 4
			M. 668

Règle 8e.
Pour
8/8.
ou
1 degré.
	22e ex. PQ. f. 640
	D. la 1/2 32
	
	M. 672
		23e ex. PQ. f. 640
		D. 1° le 1/4 16
		   2° la 1/2 .8
		   3° la 1/2 .8
		M. 672
			24e ex. PQ. f. 640
			D. 1° le 1/4 16
			   2° le 1/16 16
			
			M. 672

Pour calculer le degré (D) d'une livraison et en obtenir le montant (M) on divise par 1/2, 1/4, 1/16 ou 1/10, etc., le produit du prix et de la quantité (PQ) et l'on écrit les chiffres au-dessous dans la 1re colonne à droite, tel qu'on le voit dans les 48 exemples (ex :) des 16 règles ci-jointes.

RÈGLES

POUR CALCULER LE DEGRÉ SANS TARIF.

Pour calculer ainsi le degré, il faut prendre :

Règle 9e. pour 9/8 ou 1 degré et 1/8.	25e ex : PQ f. 640
	D. 1° la 1/2 32
	    2° le 1/8 4
	M. 676
		26e ex : PQ f. 640
		D. 1° la 1/2 32
		    2° le 1/16 4
		M. 676
			27e ex : PQ f. 640
			D. 1° le 1/4 16
			    2° le 1/4 16
			    3° le 1/4 4
			M. 676

Règle 10e. pour 10/8 ou 1 degré et 2/8.	28e ex : PQ f. 640
	D. 1° la 1/2 32
	    2° le 1/4 8
	M. 680
		29e ex : PQ f. 640
		D. 1° la 1/2 32
		    2° le 1/8 8
		M. 680
			30e ex : PQ f. 640
			D. 1° le 1/4 16
			    2° le 1/4 16
			    3° la 1/2 8
			M. 680

Règle 11e. pour 11/8 ou 1 degré et 3/8.	31e ex : PQ f. 640
	D. 1° la 1/2 32
	    2° le 1/4 8
	    3° la 1/2 4
	M. 684
		32e ex : PQ f. 640
		D. 1° la 1/2 32
		    2° le 1/8 8
		    3° le 1/16 4
		M. 684
			33e ex : PQ f. 640
			D. 1° le 1/4 16
			    2° le 1/4 16
			    3° la 1/2 8
			    4° la 1/2 4
			M. 684

Règle 12e. pour 12/8 ou 1 degré et 4/8.	34e ex : PQ f. 640
	D. 1° la 1/2 32
	    2° la 1/2 16
	M. 688
		35e ex : PQ f. 640
		D. 1° la 1/2 32
		    2° le 1/8 8
		    3° le 1/8 8
		M. 688
			36e ex : PQ f. 640
			D. 1° le 1/4 16
			    2° le 1/4 16
			    3° le 1/4 16
			M. 688

Règle 13e. pour 13/8 ou 1 degré et 5/8.	37e ex : PQ f. 640
	D. 1° la 1/2 32
	    2° la 1/2 16
	    3° le 1/4 4
	M. 692
		38e ex : PQ f. 640
		D. 1° la 1/2 32
		    2° le 1/4 16
		    3° le 1/16 4
		M. 692
			39e ex : PQ f. 640
			D. 1° le 1/4 16
			    2° le 1/4 16
			    3° le 1/4 16
			    4° le 1/4 4
			M. 692

Règle 14e. pour 14/8 ou 1 degré et 6/8.	40e ex : PQ f. 640
	D. 1° la 1/2 32
	    2° la 1/2 16
	    3° la 1/2 8
	M. 696
		41e ex : PQ f. 640
		D. 1° la 1/2 32
		    2° le 1/4 16
		    3° le 1/8 8
		M. 696
			42e ex : PQ f. 640
			D. 1° le 1/4 16
			    2° le 1/4 16
			    3° le 1/4 16
			    4° la 1/2 8
			M. 696

Règle 15e. pour 15/8 ou 1 degré et 7/8.	43e ex : PQ f. 640
	D. 1° la 1/2 32
	    2° la 1/2 16
	    3° la 1/2 8
	    4° la 1/2 4
	M. 700
		44e ex : PQ f. 640
		D. 1° la 1/2 32
		    2° le 1/4 16
		    3° le 1/8 8
		    4° le 1/16 4
		M. 700
			45e ex : PQ f. 640
			D. 1° le 1/4 16
			    2° le 1/4 16
			    3° le 1/4 16
			    4° la 1/2 8
			    5° la 1/2 4
			M. 700

Règle 16e pour 16/8 ou 2 degrés.	46e ex : PQ f. 640 D. le 1/10e 64 M. 704	47e ex : PQ f. 640 Pour 4 degrés, on prend le 1/5 128 M. 768	48e ex : PQ f. 640 ou 1° le 1/10 64 2° le 1/10 64 M. 768

PRINCIPES GÉNÉRAUX

DES RÈGLES

POUR CALCULER LE DEGRÉ SANS TARIF.

1er *Principe.* Il faut, pour calculer le degré au-dessus comme au-dessous de 4° de Tessa, diviser le produit de la quantité et du prix par 1/2, 1/4, 1/8°, 1/16°, 1/10°, etc., selon le nombre des 1/8 portés dans la livraison; puis écrire, soit pour les ajouter, soit pour les soustraire, les chiffres obtenus de cette division, non immédiatement dans la colonne au-dessous, mais dans la 1re colonne à droite, ainsi qu'on le voit dans les nombreux exemples des deux pages qui précèdent.

2e *Principe.* Il faut, toutes les fois que l'eau-de-vie dépasse 4° de Tessa, que l'on divise autant de fois par 10 et que l'on écrive autant de fois le 1/10° qu'il y a de fois 2 degrés en plus; exemple : lorsqu'il y a 6°, on écrit 1 fois le 1/10°; 8°, 2 fois le 1/10°; 10°, 3 fois le 1/10°; puis il faut que l'on calcule et que l'on écrive les 1/8 qui se trouvent encore en plus, comme il est dit dans le 1er principe exposé ci-dessus.

Règle ordinaire des eaux-de-vie.

Je crois ne pouvoir mieux terminer cet ouvrage, qu'en offrant à mes lecteurs, auxquels je suppose une connaissance suffisante des premières règles de l'arithmétique, la règle ancienne employée jusqu'à ce jour pour obtenir le montant des livraisons des eaux-de-vie de Cognac, et cela pour en faire la comparaison avec le nouveau calcul dont l'hectolitre est la base. Dans le désir de leur plaire et de leur donner une idée complète de cette vieille règle, je vais leur en présenter succinctement, à la vérité, 16 variétés, parmi lesquelles 10 ont lieu sur les veltes, 5 sur les pintes et une seule sur l'hectolitre. Ce nombre me paraît d'autant mieux remplir le but que je me suis proposé, que de jour en jour, on va négliger cet ancien calcul pour ne plus faire emploi que du calcul par hectolitre.

PROBLÈME.

Trouver le montant d'une livraison de 225 veltes et 1/2 d'eau-de-vie à 5 degré et 1/4, vendue au prix de 170 fr. la barrique de 205 litres 20.

1ʳᵉ VARIÉTÉ.

—

P. et D.	175,31.25
le tiers.	58,43.75 ..
le 9ᵉ.	6,49.30.55
Q.	2.25
	32,46.52.75
	129,86.11.0.
	1298,61.10 ..
1/2 velte.	3,24.65 27
M.	1464,18.39.02

3ᵉ VARIÉTÉ.

—

P. et D.	175.31.25
le 9ᵉ.	19,47.91.66
le tiers.	6,49.30.55
Q.	2.25
	32,46.52.75
	129,86.11.00
	1298,61.10 ..
1/2 velte.	3,24.65.27
M.	1464,18.39.02

2ᵉ VARIÉTÉ.

—

P.		170, fr.
D. { le 1/4		.4,25.00
{ le 1/4		1,06.25
P. et D.		175,31.25
Q.		2.25
		876,56.25
		3506,25.0.
		35062,50 ..
1/2 velte.		.87.65.62
		39532,96.87
le 9ᵉ.		.4392,55.20
le tiers M.		1464,18.40

4ᵉ VARIÉTÉ.

—

P.		170, fr.
D. { le 1/4		4,25
{ le 1/4		1,06.25
P. et D.		175,31.25
Q.		2.25
		876,56.25
		3506,25.0.
		35062,50 ..
1/2 (velte)		87,65.62
		39532,96.87
le tiers		13177,65 62
le 9ᵉ M.		1464,18.40

NOTA. Dans toutes les variétés ci-jointes; Q désigne la quantité des veltes ou des pintes; P, le prix; D, le degré; et M, le montant de la livraison proposée.

PROBLÈME.

Trouver le montant d'une livraison de 225 veltes et 1/2 d'eau-de-vie à 5 degrés et 1/4, vendue au prix de 170 fr. la barrique de 205 litres 20.

5ᵉ VARIÉTÉ.

P.		170,
D. { le 1/4		4,25
{ le 1/4		1,06.25
P. et D.		175,31.25
1ᵉʳ tiers.		.58,43.75
2ᵉ tiers.		19,47.91.66
3ᵉ tiers.		6,49.30 55
Q.		2.25
		32,46.52.75
		129,86.11.0.
		1298,61.10 ..
1/2 velte.		3,24.65.27
M.		1464,18.39.02

6ᵉ VARIÉTÉ.

veltes.	225
	8
Pintes.	1800
1/2 velte.	4
Q. (pintes).	1804
P.	170 fr.
	126280
	1804..
	306680,
le 6ᵉ.	051113,33.33.33
le 6ᵉ.	..8518,88.88.88
le 6ᵉ.	1419,81.48.14
D. { le 1/4	.35,49.53.70
{ le 1/4	..8,87.38.42
M.	1464,18.40.26

7ᵉ VARIÉTÉ.

P.		170 fr.
degré.		5
	8,50	1 degré.
4/8	4,25	1/2 *id.*
1/8	1,06.25	1/4 *id.*
P.	170,	
P. et D.	175,31.25	
Q.	2.25	
	876,56.25	
	3506,25.0.	
	35062,50 ..	
1/2 velte.	87,65.62	
	39532,96.87	
1ᵉʳ tiers.	13177,65.62	
2ᵉ tiers.	4392,55.20	
3ᵉ tiers M.	1464,18.40	

8ᵉ VARIÉTÉ.

P.		170 fr.
D { le 1/4		4,25
{ le 1,4		1,06.25
P. et D.		175,31.25
Pintes.		18.04
		701,25.00
		140250,00 ..
		115312,5. ..
		316263,75.00
le 6ᵉ.		.52710,62.50
le 6ᵉ.		.8785,10.41
le 6ᵉ M.		1464,18.40

PROBLÈME.

Trouver le montant d'une livraison de 225 veltes et 1/2 d'eau-de-vie à 5 degrés et 1/4, vendue au prix de 170 fr. la barrique de 205 litres 20.

9ᵉ VARIÉTÉ.

P.	170, fr.
D. { le 1/4	4,25
{ le 1/4	1,06.25
P. et D.	175,31.25
Q. (pintes).	18.04
	701,25.00
	140250.00 ..
	175312.5. ...
	316263,75.00
le 9ᵉ.	.35140,41.66
le 1/4	.8785,10.41
le 6ᵉ M	1464,18.40

10ᵉ VARIÉTÉ.

P.	170. fr.
D. { le 1/4	4,25
{ le 1/4	1,06.25
P. et D.	175,31.25
Q.	1804 pintes.
le 6ᵉ.	.300,66 66 66
le 6ᵉ.	.50,11.11.11
le 6ᵉ	8,35.18.51
P. et D.	1,75.31.25
	41.75.92.55
	1.67.03.70 2.
	8.35.18.51 ..
	2,50.55 55.3 ..
	41,75.92 55. ...
	584,62.95.7 .. ..
	835,18.51. . .. ..
	1464.18.38.78.43.75

11ᵉ VARIÉTÉ.

P.	170, fr.
le 6ᵉ.	28,33.33.33
le 6ᵉ.	.4,72.22.22
le 6ᵉ.	,78.70.37
Q. (pintes).	18.04
	3,14.81.48
	629,62.96.0.
	787,03.70.00
	1419,81.47.48
D. { le 1/4	.35,49.53.68
{ le 1/4	8,87.38.42
M.	1464,18.39.58

12ᵉ VARIÉTÉ.

veltes.	225
litres.	7,60
	135,00
	1575,0.
1/2 velte.	3,80
Q.	17,13·80
P.	82,84.60
	66.27.68 00
	2,48.53.8.
	8,28.46 ..
	579,92 2. ..
	828,46 .. ..
	1419,81.47.48.00
D. { 1/4	35,49.53.68.70
{ 1/4	.8,87.38.42.17
M.	1464,18.39.58.87

PROBLÈME.

Trouver le montant d'une livraison de 225 veltes et 1/2 d'eau-de-vie à 5 degrés et 1/4 , vendue au prix de 170 fr. la barrique de 205 litres 20.

13ᵉ VARIÉTÉ.

Q.	225
P.	170, fr.
	15750,
	225..
pour la 1/2 v.	85,
	38.335,
1/3	12.778,33.33.33
1/3	4.259,44.44.44
1/3	1419,81.48.14
D. { le 1/4	.35,49.53.70
{ le 1/4	.8,87.38.42
M.	1464,18.40.26

15ᵉ VARIÉTÉ.

Q.	225
P.	170,
	15750,
	225..
1/2 velte	85,
	38335,
le 9ᵉ	4259,44.44.44
le 1/3	1419,81.48.14
D. { le 1/4	.35,49.53.70
{ le 1/4	.8,87.38.42
M.	1464,18.40.26

14ᵉ VARIÉTÉ.

P.	170, fr.
le 1/3	.56,66.66.66
le 1/3	.18,88.88.88
le 1/3	6,29.62.96
Q.	2.25
	31,48.14.80
	125,92.59 2.
	1259,25.92 ..
la 1/2 velte	3,14.81.48
	1419,81.47.48
D. { le 1/4	.35,49.53.68
{ le 1/4	.8,87 38.42
M.	1464,18 39.58

16ᵉ VARIÉTÉ.

P.	170, fr.
D. { le 1/4	.4,25.00
{ le 1/4	.1,06.25
P. et D.	175,31.25
Q.	2.25
	876,56.25
	3506,25.0.
	35062,50 ..
1/2 velte	.87,65.62
	39532,96.87
le 1/3	13177,65.62
le 1/3	.4392,55.20
le 1/3 M.	1464,18.40

FIN.

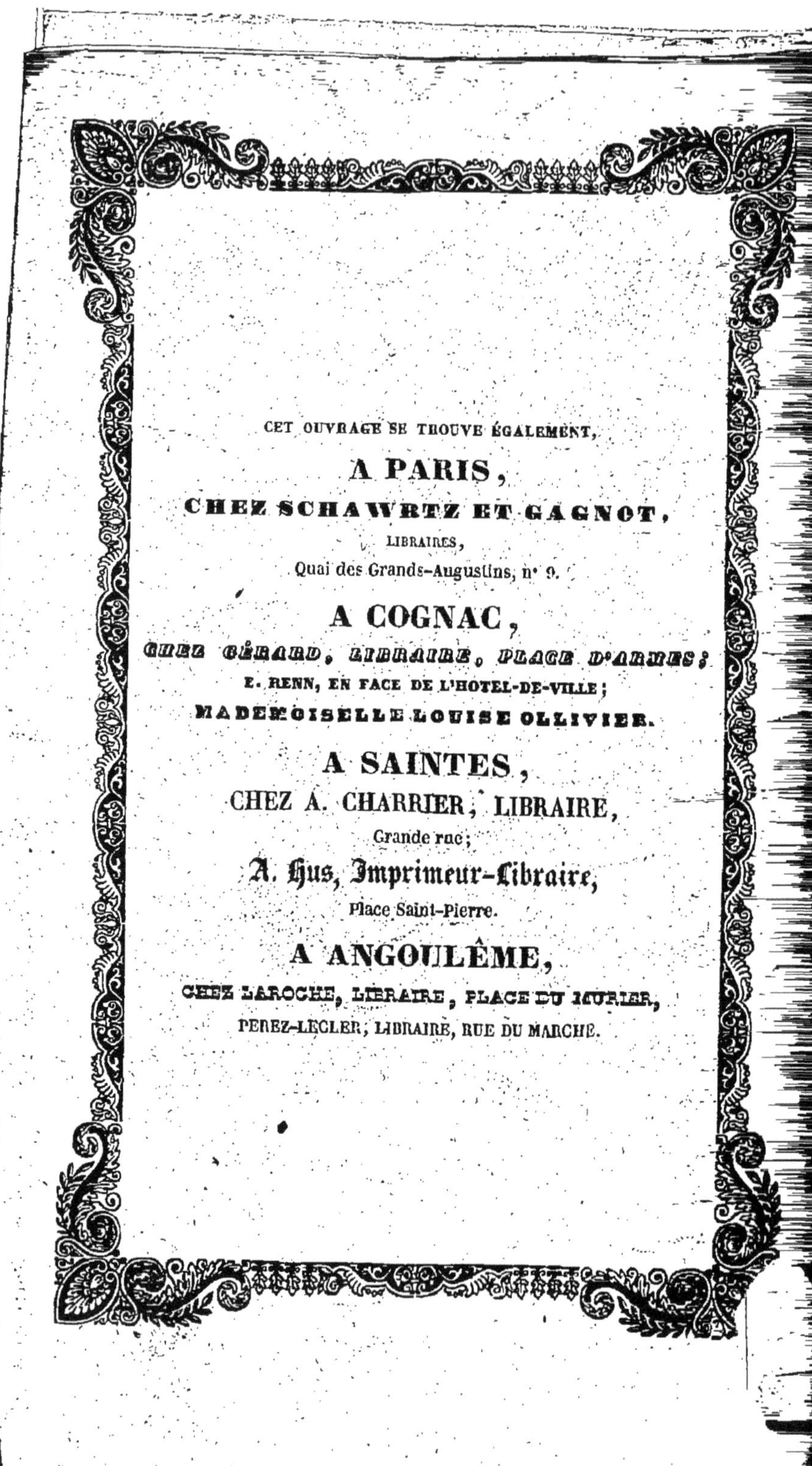

CET OUVRAGE SE TROUVE ÉGALEMENT,

A PARIS,
CHEZ SCHAWRTZ ET GAGNOT,
LIBRAIRES,
Quai des Grands-Augustins, n° 9.

A COGNAC,
CHEZ GÉRARD, LIBRAIRE, PLACE D'ARMES;
E. RENN, EN FACE DE L'HOTEL-DE-VILLE;
MADEMOISELLE LOUISE OLLIVIER.

A SAINTES,
CHEZ A. CHARRIER, LIBRAIRE,
Grande rue;
A. Hus, Imprimeur-Libraire,
Place Saint-Pierre.

A ANGOULÊME,
CHEZ LAROCHE, LIBRAIRE, PLACE DU MURIER,
PEREZ-LECLER, LIBRAIRE, RUE DU MARCHE.